SBS 아나운서
윤영미의

열정

SBS 아나운서 윤영미의 열정

|제1판1쇄| 2009년 5월 15일
|제1판2쇄| 2009년 6월 10일

|지 은 이| 윤영미
|펴 낸 이| 장주진
|펴 낸 곳| 경향미디어
|출판등록| 제22-688호

|전   화| 02-304-5612 |팩   스| 02-304-5613

ISBN 978-89-90991-78-2 13320

※ 잘못된 책은 바꾸어 드립니다.

대한민국 생방송 여성 멘토링

SBS 아나운서 윤영미의 열정

윤영미 지음

경향미디어

일과 가정, 모두 열정의 장이다

윤영미, 하고 떠올리면 나를 아는 사람들은 한결같이 열정이란 단어를 가장 먼저 떠올린다. 정말, 나는 열정적인 사람일까? 나는 정말 뜨겁고 정이 많은 사람일까? '그렇다, 그렇지 않다.' 정답을 찾기보다는 일단, 모두가 열정적이라고 이야기한다면 분명 그것은 나를 이루는 커다란 한 축이라 생각한다.

요즈음은 나이 탓인지 자꾸만 나 자신을 들여다보게 된다. 한 발짝 물러서서 나를 바라보니, 내가 조금씩 보이기 시작한다.

> 모지락스럽고 영악한 아이 영미.
> 감상에, 사랑에 목숨 걸던 낭만 소녀, 영미.
> 목표와 성취에 갈망하던 아나운서 영미.
> 좋은 엄마, 착한 아내가 되고 싶었던 주부 영미.
> 그리고 이제 조용히 나 자신을 조망해가며 남은 삶을
> 그려가는 중년 여인, 윤영미.

앞으로 또 어떤 수식어가 붙을지는 나 자신도 알 수 없다.

그러나 한 가지 분명한 것은 사람을 사랑하는 윤영미일 것이라는 거다. 나는 언제 어떤 사람이 내 옆에 있어도 귀 기울여

그의 소리를 듣고 그의 눈을 따스히 바라볼 터이다.

누군가를 사랑하면, 사랑하는 내가 행복하고 성숙해진다는 것, 그리 오래지 않은 삶 가운데 나는 터득하고 있다. 돌아올 것을 바라지 않고 베푼 사랑이 언제 어떤 형태로 나에게, 혹은 영 모르는 타인에게라도 가 닿아 풍선처럼 부풀려질 수 있다는 걸 살면서 체득하고 있는 중이다.

차고 넘쳐 옆 사람을 불편하게 하는 타버릴 만큼의 지나치게 뜨거운 열정은 좀 덜어내고, 끝 갈 데 없이 솟구치는 욕망의 열정은 토닥여 잠잠케 하고, 잘 다듬어진 침착한 열정만을 내 것으로 만들기 위해 나는 오늘도 나 자신을 정면으로 응시하며 바라보리라. 그리고 그런 나를 사랑하는 자, 사랑하지 않는 자, 모두를 나는 힘써 사랑할 것이다.

그리하여 훗날, 나를 돌아볼 때 본래 갖고 있던 성정인 뜨겁기만 한 열정에 어느덧 성숙함이 보태져 잘 정돈된 아름다운 열정을 지닌 여인, 윤.영.미를 볼 수 있게 되길 소망해본다.

P.S) 지금 나는 내 일생에 가장 부담되는 글을 쓰고 있다. 어려서부터 글 잘 쓴다는 소리도 꽤 듣고, 글짓기 대회에 나가서 상도 곧잘 받곤 했는데, 이번 책을 쓰면서 글에는 별 소질이 없다는 걸 절감하게 되었다. 나는 역시 말하는 직업에 어울리는 사람이지, 글 쓰는 사람은 따로 있는 거로구나! 하고 느낀다.

−2009년 5월, 윤영미 올림

내가 본 윤영미 아나운서

윤영미 아나운서. 그녀는 드러나지 않으면서 사람을 끌게 하는 매력이 있다. 끌림은 매력을 넘어 마력으로, 그리고 차츰 중독으로 변모한다. 그래서 그녀 주변엔 '사람' 이 들끓는다. 요즘처럼 '사람' 이 귀한 세상, 아니, 참사람을 보기 힘든 일상에 그녀를 만나는 일은 늘 유쾌하다.

공연장, 전시회 영화관 혹은 맛집……. 사람이 숨 쉬고 소통이 갈증 난 곳엔 그녀의 해맑은 웃음과 거침없는 자신감을 만날 수 있어 좋다. 마치, 오래된 책을 다시 들추고 싶을 때처럼 만남에 공백이 들면 안부가 궁금하다.

그러나 아주 가끔, 그리고 때로는 빈번하게 그녀의 속내가 궁금해지기도 했다. 그럴 때마다 방송인 윤영미와 생활인 윤영미, 섞이지 않을 평범과 비범을 이을 다리가 있었으면 좋겠다는 염원을 한 적이 있다.

책을 쓰는 일은 마음의 거울을 들여다보는 정직한 연습을 하는 수행이다. 윤영미 아나운서의 책을 통해 세월의 깊이와 켜켜이 쌓인 삶의 먼지를 털어내고 싶은 조바심이 인다. 시간

은 흘러가는데…… 나이는 들어가는데…… 책 한 권의 무게마
저 버겁지 않을 그녀의 유쾌함이 고스란히 책갈피 곳곳에 엷
게, 그러나 향기로 남아 있다. 라일락향은 지는데…… 그리고
꽃은 지는데, 사람은 꽃보다 아름답다. 그녀가 그러하다.

–유영재 아나운서(CBS '유영재의 가요 속으로' 진행)

"윤영미 씨에 대해 한 말씀 해주세요. 어떤가요?"라는 질문
을 받은 그녀 주위의 사람들은 뭐라고 답할까?

그 답을 듣기 전에 이미 들은 것 같은 기분일 것이다. 그냥
쉽게 이구동성을 해버리는 것도 좋을 듯하다. 어차피 그 대답
은 우리들 맘속에 명백하니까. 자, 하나~ 둘~ 셋~!

"윤영미 씨는 정말~!" 이 문장의 끝은 대충 이러할 것이다.

밝으셔요/쾌활하셔요/환하셔요/순수하셔요/따뜻하셔요/즐
거우셔요!

우리들의 이구동성은 이러할 것이다.

–이윤정 PD(MBC '커피프린스')

내가 윤영미 아나운서를 알고 지낸 지가 20년을 바라본다.
짧지 않은 세월 동안 그이는 언제나 같은 보폭으로 걸어왔다.
때로는 한눈도 팔고 싶었으련만 일단 목표가 세워지면 불꽃같
은 정열로 자신의 모든 것을 던진다.

이제 윤영미 아나운서가 여러분 앞에서 잠시 숨을 고르고

자신의 삶이 고스란히 담긴 한 권의 책을 내놓는다. 스스로에게는 모처럼의 뒤돌아봄이지만 아직도 그이는 노상에 있다. 마치 여성 최초로 남극을 횡단한 리브 아르네센처럼…….

내가 아는 윤영미 아나운서는 참 따뜻한 사람이다. 정도 많고, 호기심도 많고, 열정이 넘쳐 늘 분주하다. 그런 그녀가 자신의 일과 생각을 정리한 책을 냈다니 반가울 따름이다. 가정 생활과 일을 현명하게 조화시켜 나가며 세상 읽기에도 적극적인 그녀의 글을 많은 사람들에게 추천하고 싶다.

단어에도 임자가 있다면, 내 기억 속에선 '열정' 이란 단어에 그녀는 자신의 소유권을 당당히 주장할 수 있겠다. 내가 그녀를 알고 지낸 이래, 그녀는 궁금한 것들에 대해 쉼 없이 공부했고, 하고 싶은 일들에 거침없이 도전했으며, 만나고 싶은 사람들을 기어코 만났다.

순수한 열정은 삶을 순수히 사랑하는 사람의 특권이며, 나는 늘 그녀의 그런 특권이 부럽다.

윤영미는 늘 아침이다. 오후에 만나도 밤에 만나도 그녀는

늘 아침이다. 그녀는 언제나 나를 보면 잘 안긴다. 아침 같은
여자, 그녀가 이번엔 책에 안긴다.

─가수 김창완

　　SBS 윤영미 아나운서는 국회의원이 된 나를 아직도 국장님
이라고 부른다. 정겹다. 윤영미 아나운서는 억척스러운 자기계
발로 스스로 성공한 방송인이다. 그녀와 나는 특별한 추억이
있는데, 내가 SBS 아나운서 팀장으로 있을 때, 나는 그녀의 도
전적 자세를 높이 평가해 최초의 프로야구 여성 캐스터의 길로
인도했다. 무섭게 준비하고 도전해 꿈을 이룬 그녀는 그 이후
에도 주어진 환경 여건에서 끝없이 도전을 계속해 오늘의 윤영
미 아나운서를 스스로 만들었다. 그녀가 책을 냈으니, 그 책에
서는 분명 성공의 냄새를 맡을 수 있을 것이다.

─국회의원 이계진

　　윤영미하면 떠오르는 두 글자는 열.정. 그녀는 언제나 무엇
을 하든 열정적으로 거침없이 몰입한다. 푹 빠진다. 그런 그녀
의 열정 뒤에는 타고난 바지런함과 인간에 대한 애정, 그리고
끝없는 호기심이 있다. 삶의 열정을 다시 살리고 싶다면, 윤영
미의 열정을 조금이라도 흉내 내고 싶다면 이 책에 푹 빠져보
길 바란다.

─윤경혜(〈코스모폴리탄〉 대표)

c o n t e n t s

PART 01

좌충우돌, 윤영미 만들기 프로젝트

PART 02

유일무이, 나만의 브랜드 차별화 전략

복수는 하늘도 땅도 몰라야 이뤄지지만, 반대로 꿈을 이루기 위해서는 하늘도 땅도 알게 해야 한다는 말을 들은 적이 있다. 복수는 깊숙이 숨길수록 날이 서지만, 꿈은 숨길수록 날이 무뎌질 따름이라는 것이다. 그러나 '겸손'이 최고의 미덕인 줄 아는 우리나라 사람들은 자신의 꿈을 복수의 칼날처럼 주머니 깊숙이 숨기는 경우가 많다.

좌충우돌,
윤영미 만들기
프로젝트

우연히 찾아온 기회

WONDERFUL | PASSION

만나고 싶은 옛사람을 찾아주는 프로그램에 출연하게 된다면, 나는 주저 없이 초등학교 3학년 때의 담임선생님을 만나뵙고 싶다. 아나운서를 향한 꿈을 꾸게 해주신 분이 바로 그분이기 때문이다.

1971년 초등학교 3학년 때의 어느 날. 담임선생님께서 갑자기 나를 방송반으로 부르셨다.

"영미야, 방송 한번 해보지 않겠니?"

깜짝 놀라 눈을 동그랗게 뜨고 선생님을 쳐다보았는데, 학교 방송반 아나운서였던 친언니가 몸이 아파 결석을 하게 돼 방송은 해야 하는데 마땅한 학생이 없던 차에 국어 시간마다 또랑또랑 책을 읽던 나를 떠올리셨다고 한다.

무려 38년 전의 일이지만, 나는 그날의 흥분을 지금도 또렷이 기억한다. 스피커를 통해 전교에 퍼져 나가던 내 목소리……. 난생처음 들어본 낯선 내 음성이었다. 아, 내 목소리가 저렇구나?

그러나 생전 처음 느껴보는 충만함이랄까? 뭐라 말로 표현할 수 없는 행복감이 내 작은 몸의 세포 하나하나를 가득 채우는 그런 느낌이었다.

하도 가슴이 방망이질을 쳐대 원고를 어떻게 끝까지 읽었는지도 기억나지 않았지만, 그래도 걱정만큼 엉망은 아니었는지 선생님께서는 그날 이후로 방송반 아나운서로 나를 특채(?)하셨다. 당시는 4학년부터 방송반에 들어갈 수 있었는데도 불구하고, 나는 담임선생님의 백으로 홍천초등학교 사상 최연소 방송반 아나운서가 될 수 있었던 것이다. 그렇게 제자의 끼를 한눈에 알아채신 은사 신상헌 선생님!

나를 학교 방송 아나운서로 전격 발탁해주신 선생님을 작년 홍천초등학교 100주년 기념식 사회를 보러 갔다가 비로소 38년 만에 감격의 재

좌충우돌, 윤영미 만들기 프로젝트

회를 하게 되었다. 오랜 세월이 지나 인사를 드리게 된 못난 제자인데도 선생님은 늘 자랑스럽게 지켜보셨다고 말씀하시고는 크게 반가워해주셨다. 그 당시 선생님은 제자에 대한 작은 관심을 가지신 것이었지만, 그때 선생님의 그 우연한 선택이 나를 아나운서의 길로 이끌어준 것이었으니 어떤 스승을 만나느냐가 한 사람의 인생을 결정적으로 바꿔놓을 수 있다는 것을 절감하게 되었으며, 그런 스승을 어릴 적에 만났다는 것이 내겐 크나큰 행운이었다.

| 나의 세렌디피티 ^{serendipity} 는 노력입니다 |

내가 직접 겪은 그날의 놀라운 기적처럼, 나는 예기치 않은 우연한 기회가 인생의 큰 행로를 바꿀 수 있다고 확신한다. 그러나 우연한 기회란 우리가 느끼기에 우연일 뿐이지, 이미 예정된 운명이지 않을까? 단, 준비된 자만이 그 기회를 잡을 수 있다는 것이 다를 뿐이다.

우리는 우연한 발견이나 기대하지 않았는데 찾아오는 뜻밖의 행운을 '세렌디피티 serendipity' 라고 한다. 그러나 이 '세렌디피티'가 의미하는 행운은 행운의 극단인 '로또'와는 무척 다르다. 로또가 마른하늘에 날벼락 치듯 가만히 앉아 있는데 하늘에서 떨어지는 돈벼락을 맞는 것을 말한다면, 세렌디피티는 그 바탕에 '노력'이라는 밑거름이 깔려 있는 예정된 행운을 뜻하기 때문이다.

오늘도 나는 사무실에서 업무를 보며 대여섯 장의 포스트잇에 메모를 했다. 이 포스트잇이라는 발명품은 사실 질 좋은 접착제를 만들려던 실험의 실패작이었다고 하는데, 한마디로 실패작이 히트작이 된 것이다.

이처럼 처음의 계획대로 일이 진행되지 않는다고 실망할 필요는 절대 없다고 생각한다. 어쩌면 그 불확실한 여정 중에 처음의 계획보다 더 놀라운 보물을 발견할 수도 있는 것. 바로 포스트잇처럼 말이다. 38년 전의 그날, 다급한 상황에 빠진 선생님의 머릿속에 전교생 중에서 하필이면 내가 떠올랐던 것은 우연을 가장한 필연이었을지도 모른다. 내가 만약 국어 시간마다 열심히 책을 읽지 않았다면, 그 우연은 일어나지 않았을 테니까…….

누군가 말했다. 세상의 모든 것은 원인과 결과의 법칙으로 이루어졌다고. 어쩌면 우연이란 것은 지상에 존재하지 않는 것일지 모른다. 그 우연한 행운을 잡으려고 오늘도 로또복권 판매대 앞에서 줄을 서는 대신 한 줌의 씨앗을 뿌리듯이, 노력이란 작은 밀알을 묵묵히 심어야 하는 것이 아닐까?

좌충우돌, 윤영미 만들기 프로젝트

세상에서 지는 게 제일 싫은 소녀

WONDERFUL PASSION

혈액형 중에 까칠하고 변덕스러운 성깔로 유명한 혈액형은? B형!

태어난 띠 중에 불같은 성격하면? 호랑이띠!

그러고 보면 아쉽게도(?) 나는 호랑이띠에 그것도 B형이다.

"그것뿐이야? 호랑이가 제일 많이 뛰어논다는 10월 말, 그것도 새벽 4시에 태어났잖니!"

"그나마 다행이지. 고집 세기로 유명한 '최씨'에 '곱슬머리’, ‘옥니’면, 얘 4관왕이다. 4관왕!”

가족, 친구들의 말대로 4관왕이 아닌 게 다행이다 싶다. 창의적이라지만 감정 기복 널뛰듯 심한 기분파 B형에 호랑이띠라서 그럴까? 나는 좋게 말하면 성격이 활달하고, 나쁘게 말하면 성질이 불같다. 평생 한곳에 가만 붙어 있질 못하고 바지런히 움직여야 할 팔자려니 싶은데……

나는 어려서부터 적극적이고 당찬 소녀였다. 다르게 말하면 지고는 못 사는 독종 가시내였다. 내가 태어나 자란 곳은 강원도 홍천읍이었는데, 어머니께서 주유소를 하신 덕에 비교적 먹고살 만도 했지만 워낙 타고나길 욕심이 많게 태어나 누구에게든 지고는 살 수 없는 성격이었다. 도시락 반찬도 제일 좋은 것, 옷도 가장 예쁜 옷, 학용품도 최고여야만 했다. 공부도 1등이 아니면 참을 수가 없어 2등으로 처지면 밤을 꼬박 새우며 악착같이 공부해 기어코 1등을 다시 차지하는 악바리였다. 하다못해 운동회에서도 지는 게 싫어 앞에서 뛰고 있던 친구를 넘어뜨리고 1등을 차지해야 직성이 풀릴 정도였다. 물론 그날 밤 내가 넘어뜨린 친구가 찾아와 서럽게 우는 바람에 상품으로 받은 공책을 내어주고 말았지만.

나는 특히 남자 아이에게 지는 게 세상에서 제일 싫었다. 내 악명을 미처 모르는 남자 아이가 혹시라도 싸움을 걸면 ‘오냐, 너 한번 잘 걸렸다!’ 하는 오기로 끝장을 봐야 할 만큼 지독한 성격이었다. 고무줄을 끊고 도망가는 녀석을 집까지 쫓아가 대

좌충우돌, 윤영미 만들기 프로젝트

문을 쾅쾅 두드리고, 녀석이 나올 때까지 이름을 동네방네 창피하게 불러 끝내 사과를 받아내야 싸움을 끝냈으니까. 여자 친구를 얕잡아 놀리는 남자 아이가 있으면 독기를 품고 대들어 싸워 이겨야 직성이 풀렸다.

내 드센 성격 탓에 가족들 고생도 이만저만이 아니었다. 한번은 강원도 시골집에서 서울 고모 댁으로 서울구경을 왔는데, 시내버스에서 내가 잘못해 어른 발을 밟아놓고는 "죄송하다."는 말을 하기가 싫어 "왜 남의 발 아래 발을 놔둬 내가 밟게 하냐."고 억지를 부렸던 기억이 난다. 기가 차 고개를 젓던 그분의 표정이라니! 서울에서 자취를 하던 큰언니 집에선 주인집 아주머니가 내가 입은 티셔츠가 자기 딸 티셔츠와 같다는 별 뜻 없는 말에 "내가 아줌마 딸 티셔츠를 훔쳐 입기라도 했

단 말이에요?"라고 뜬금없이 어깃장을 놓아 아줌마의 말문을 막아버린 적도 있었다.

지금은 무조건 이기는 것만이 진정으로 이기는 게 아니라는 걸 알게 됐지만, 이기는 걸 최고의 선으로 알고 태어난 욕심 많은 아이에게 어쨌든 지는 건 상상조차 싫은 치욕이었다. 경상도 말로 하는 '애살'이라

고나 할까? 아무튼 나는 누군가가 나보다 앞서 나가는 걸 볼 수 없는 지독한 아이였다.

　그만큼 나는 욕심으로 똘똘 뭉친 아집 강한 성격의 아이였다. 그러나 한편, 그 집착과 욕심이 한 가지 목표를 세우고 무섭게 밀어붙이는 집념을 형성하게 한 바탕이 됐는지도 모른다. 물론 무조건 이기려는 욕심에 머물렀다면 독기 어린 이기심과 경쟁의식으로 무섭게 날 선 사람으로 성장했을지도 모른다. 그러나 다행히 욕심이 노력으로 이어지고, 남과 함께 나누며 가야 한다는 세상 이치를 차근차근 알기 시작한 게 무척이나 다행스럽다.

　| 여 자 이 기 에　더　악 착 같 이　살 아 야　한 다 |

　오늘도 주위를 둘러보면 여자라는 이유 하나로 너무 쉽게 지고, 너무 쉽게 포기하는 후배들이 많은 것 같아 마음이 아려 온다. 더 화가 나는 건, 지고 나서도 억울함보다는 어쩔 수 없다는 패배의식에 사로잡힌 여자 후배를 볼 때다. 섣부른 패배의식에 젖어 먼저 고개를 숙이고 들어가는 후배를 볼 때면, 남녀는 공존하는 관계고 생리적으로 다름을 갖고 태어난 존재지 앞, 뒤, 위, 아래의 서열을 갖고 태어난 건 아닌데 이제는 좀 달라져야 하지 않나 하는 생각에 몹시 서글프다.

그동안 20년이 넘게 직장 생활을 하면서 많은 여자 선배와 동료, 후배들을 만날 수 있었는데, 똑 소리 났던 선배, 천사처럼 예뻤던 동기, 마음이 비단결 같던 후배……. 그들은 다 어디로 갔을까?

한때는 부러움과 질투 어린 시선을 보내야만 했던, 그러나 결국에는 이런저런 이유로 떠나버린 그들의 빈자리를 볼 때면, 나는 어느 한 곳 특별하게 내세울 게 없는 내가 그들보다 오래 살아남은 이유를 생각해본다. 그건 바로 누구에게도 지기 싫은, 어쩔 수 없이 졌더라도 끝내는 포기하지 않는 내 독한 성격 탓이 아니었을까 싶다.

더불어 선머슴처럼 악착같던 내게 "여자가 성격이 드세면 팔자가 사납다."는 식으로 단 한 번도 말씀하지 않으셨던 어머니께 감사한다. 어머니는 항상 내게 "여자도 남자랑 똑같다."고 말씀하시며, 조금이라도 내가 여자로서 상처를 받지 않을까 노심초사하셨다. 어머니의 그 의식이 지금의 나를 있게 한 것 같다.

대한민국의 여자는 오늘도 남자보다는 많이 지고 있다. 안타깝지만 부인할 수 없는 현실이다. 같은 잘못을 해도 남자보다 여자가 피해를 보는 현실. 얼마 전 뉴스를 보니, 경제 한파에 가장 큰 고통을 받는 이들이 바로 '여성 비정규직 근로자'였다고 한다. 근로자에 붙은 서러운 단어 '비정규직'에 서럽게 또 한 단어가 붙은 게 바로 '여성'인 것이다.

나는 그때마다 이를 악문다. 현실이 내게, 우리들 여자에게 결코 호의적이지 않다는 것을 알기에 이 현실 속에서 살아남기 위해 주먹을 움켜쥔다. 언젠가 많은 날들이 흘러 이 사회와 직장에서 당당히 졸업장을 받으며 퇴장하기를 바란다. "나의 노력은 바다에 붓는 한 방울의 물방울과 같다."는 마더 테레사 수녀님의 말씀처럼, 나의 생존이 여성의 권익이 보장받는 사회를 위한 한 방울의 노력이 되리라는 것을 알기 때문이다.

좌충우돌, 윤영미 만들기 프로젝트

꿈은 이루어진다

무시당하지 않고 말로라도 이겨보려는 주근깨투성이의 독기 어린 시골 아이의 어릴 적 첫 꿈은 바로 영화배우였다. 영화배우가 되고 싶은 욕심은 사실 엄마의 조금은 엉뚱한 자녀교육 때문이었다. 나는 어릴 적부터 엄마 손을 잡고 영화관을 제집 드나들 듯했다. 지금 생각해보면 엄마가 무슨 생각으로 어린 딸내미에게 꼬박꼬박 극장구경 그때는 영화 관람을 꼭 극장구경이라고 했다을 시켜줬는지 모를 일이다. 혹 엄마의 꿈이 배우가 아니었을까. 텔레비전이나 영화에서 봐서 알겠지만 그때만 해도 극장은 어른들만 가는 곳이라는 인식이 팽배했었다. 어른 흉내를 내 몰래 극장에 들어가려다 잡혀 반성문을 쓰던 고등학생 언니, 오빠들이 어디 한둘이었나? 그러나 나는 당당히 엄마 손을 잡고 극장 문턱을 들락거렸으니.

'미워도 다시 한 번', '별들의 고향', '저 하늘에도 슬픔이' 같은 영화를 보고 온 날이면 나는 거울 앞에서 엄마의 하늘하늘한 잠옷을 입고 선글라스를 끼고는 문희, 남정임, 윤정희 같은 당대 최고의 여자 주인공을 따라 연기 수업(?)을 했다. 당연히 학교에서 내 인기는 그야말로 최고였다. 방과 후 난롯가에 선생님과 아이들을 모아놓고 어제 본 영화를 흉내 내고, 거기에 더해 한창 인기를 끌던 김추자, 하춘하, 남진, 나훈아, 펄시스터즈 같은 가수 흉내를 내면 선생님과 친구들은 급식으로 받은 빵을 난로에 구워 먹으며 즐거워했다. 친척집에 가서도 일가친척과 동네 분들 앞에서 사회를 보고 유행가를 부르고 고고춤을 추며 혼자 북치고 장구를 쳤다. 신이 난 남동생은 모자를 들고 다니며 돈을 받기도 했는데, 그러고 보면 그것이 내 생애 최초의 용돈이었던 셈이다. 소풍날이면 전교생 앞에서 백댄서까지 두고 춤과 노래를 선보여 인기를 끈 것은 두말하면 잔소리. 요즘도 두 살 터울의 친언니는 손바닥으로 얼굴을 가리고는 동생의 주책없는 쇼를 지켜보던 그날의 창피한 기억을 떠올리며 웃고는 한다. 이렇듯 나는 어릴 적부터 창피함보다는 남 앞에 서는 묘한 쾌감 같은 것을 느꼈다. 글쎄, 내 몸속에 집시나 광대의 피가 흐르고 있는 건 아닐까 싶기도 하고……

좌충우돌, 윤영미 만들기 프로젝트

초등학교를 졸업한 뒤로도 내 기질은 멈추질 않았다. 엄마의 무지막지한 교육열에 친구들과 헤어져 서울로 전학을 왔지만, 결코 기죽지 않았다. 혹시라도 시골 촌년이라는 말을 들을까봐 오히려 더 남 앞에 나서 활동했다. 중학교 합창반 지휘를 맡고 항상 친구들을 몰고 다니는 대찬 성격으로 성장했다.

창덕여고에 진학해서도 나는 방송반 활동에 온통 열정을 쏟아 부었다. 초등학교 3학년의 그날 이후로 '방송'은 나와 떼려야 뗄 수 없는 관계였다. 나는 당시만 해도 엄마의 교육열 덕택에 노래와 무용, 주산, 피아노, 웅변, 펜글씨, 독서교육 등 온갖 특별활동의 혜택을 누릴 수 있었다. 요즘 애들처럼 레슨을 받기 싫어 꾀병을 부리고 온갖 생떼를 쓰다가 빗자루로 맞은 적도 여러 번. 그러나 결국 끝까지 싫증나지 않았던 단 한 가지는 바로 '방송'이었다.

방송축제를 위해 MBC, TBC 방송국을 돌아다니며 겁도 없이 연예인들에게 녹음기를 들이댄 적도 있었고 근처의 남자고등학교 방송국을 돌아다니며 예쁜 엽서를 모아 그 당시 유행하던 '예쁜 엽서 전시회'를 열기도 했다. 지금 생각하면 어디서 그런 용기가 났는지 모르겠는데, 청량리 지하철 역장님을 찾아가 지하철 안내 방송을 하겠다고 무조건 떼를 쓴 적도 있었다. 그때 역장님 말씀이 지금도 잊히지 않는데, 지하철 내에서 여자가 방송하면 재수 없다는 소리를 들을지도 모르니, 대신 청량리역 구내방송을 하라는 것이었다. 요즘 그런 말을 들었다면 어땠을까. 상상도 못할 일일 터이다. 그러나 당시는 상상조차 못할 여성 폄하의 말들이 공공연히 오가던 시절이었다. 화가 났지만 역장님이 그렇게 생각하는 게 아니라, 어긋난 인식을 가진 이들의 민원이 걱정되었던 터라 나로서는 참고 넘어갈 수밖에 어쩔 도리가 없었다.

"지금 인천행 열차가 도착할 예정이오니, 승객들은 뒤로 물러서주시기 바랍니다."

나는 그날 이후로 구내방송을 시작했다. 역장님은 하루 이틀 하다 말리라는 생각에 허락했지만 한 달을 꼬박 역내 방송을 했다. 물론 기록에는 없지만 아마 역사상 처음으로 역내 방송을 한 1호 여성이 바로 나였지 않았을까 싶다. 웬 젊은 여성의 목소리에 신기해하던 승객들의 표정이 지금도 눈에 선한데, 그때 그 용감무쌍한 여고생이 지금의 아나운서 윤영미인지 청량리역 역장님은 기억하고 계실까?

고등학교를 졸업하며 성심여대 국문과를 진학한 것도 전적으로 내 고집이었다. 어렸을 적부터 국어책을 소리 내어 읽는 것을 좋아했던 나는 당연히 국문과에 입학할 생각이었다. 고3

창덕여자고등학교 2학년 학교 방송제 때 모습. 가운데 안경 쓴 학생이 윤영미.

대입학력고사를 치르고 친구들이 어느 학교 어떤 학과로 원서를 넣을까 고민할 때, 나는 별다른 고민 없이 성심여대 국문과에 원서를 넣었다. 내가 받은 성적이면 세상이 보기에 조금은 더 괜찮은 학교에 원서를 넣을 수도 있었지만 나는 꼭 성심여대 국문과에 입학하고 싶었다. 다름 아니라 너무 좋아해 수백 번을 읽어 암송할 정도였던 피천득 선생님의 글 〈인연〉의 주인공인 '아사코' 때문이었다. 그 아사코가 다닌 학교가 바로 성심여대 아니었던가!

어떻게든 좋은 학교에 들어가 돈 잘 벌고, 성공할 수 있는 대학교에 입학하는 것이 꿈인 요즘의 학생들이 들으면 황당할 이야기이지만, 나 때만 해도 지극히 현실적이고 이성적인 판단이 아니라 감성적인 판단으로, 자신의 꿈을 좇는 친구들이 꽤 있었다. 나는 지금도 현실에 약지 못한 감성으로 앞길을 선택한 내가 어리석었다고 생각하지 않는다. 그렇게 나는 성심여대 국문과에 입학해 내가 선택한 대학과 내가 선택한 전공을 공부하게 됐고, 내가 선택한 꿈인 아나운서가 되는 행운을 누릴 수 있었다. 남들이, 세상이 인정하는 아나운서로서가 아닌, 오로지 내 안에서 자연스럽게 형성된 꿈인 아나운서가 된 것이다.

| 나의 꿈을 자랑하라 |

복수는 하늘도 땅도 몰라야 이뤄지지만, 반대로 꿈을 이루기 위해서는 하늘도 땅도 알게 해야 한다는 말을 들은 적이 있다. 복수는 깊숙이 숨길수록 날이 서지만, 꿈은 숨길수록 날이 무뎌질 따름이라는 것이다. 그러나 '겸손'이 최고의 미덕인 줄 아는 우리나라 사람들은 자신의 꿈을 복수의 칼날처럼 주머니 깊숙이 숨기는 경우가 많다.

나는 어릴 적부터 하고 싶은 일은 거의 모두 이룰 수 있었다. 어떻게 보면 행운인지도 모르겠지만, 나는 행운보다는 어릴 적부터 수천 수백 번 주위를 향해 큰 소리로 외쳤기 때문이 아닐까 싶다.

"두고 봐요. 나는 꼭 아나운서가 될 테니까!"

내가 아나운서가 된 것은 결국 나 자신과의 약속 때문이었을지 모른다. 내가 무수히 내뱉었던 말을 책임져야 했기에, 나는 조금이라도 더 노력을 할 수밖에 없었다.

좌충우돌, 윤영미 만들기 프로젝트

어느 책에선가 읽은 놀라운 얘긴데, 영화 '터미네이터' 하면 떠오르는 영화배우이자 현재는 캘리포니아 주의 주지사인 아놀드 슈워제네거는 어린 시절, 오스트리아에서 미국으로 이민을 오면서부터 소중히 간직한 세 가지의 소원을 항상 책상머리에 붙여놓고 그 꿈을 이루기 위해 노력을 했다고 한다. 그 세 가지 소원이란 영화배우가 되는 것과 케네디가의 여인과 결혼하는 것, 그리고 캘리포니아 주의 주지사가 되는 것이었다고 한다. 이 말이 틀림없다면 아놀드 슈워제네거는 어릴 적 간절히 바랐던 꿈 세 가지를 모두 이룬 정말 대단히 성공적인 인물이 아닐 수 없다.

나는 그가 성공할 수 있었던 이유 중의 하나가, 바로 꿈을 머릿속으로 상상하는 것에서 그치지 않고, 항상 볼 수 있게 글로 적고 말하며 끊임없이 자신을 채찍질했기 때문이라고 확신한다. 병은 알리라는 말도 있지만 꿈도 알려야 그 말이 씨앗이 돼 세상을 펄펄 날며 힘을 합쳐 나를 도와줄 거라는 깊은 확신이 있다.

쓰고, 말하고, 외쳐라!
우주가 당신을 도와줄 것이다.

춘천 MBC에 입사하다

오늘도 SBS 방송국 로비에는 학생들이 북적거린다. 단체 견학을 온 학생들이다. 선생님 손을 잡고 "참새 짹짹, 병아리 삐악삐악."을 부르는 예쁜 유치원생부터 교복차림의 초등학생, 중고등학생뿐만 아니라, 여러 전공의 대학생들까지 그 연령도 참 다양하다.

나는 방송국을 구경하는 학생들을 볼 때마다 저들 중에서 '나도 꼭 커서 멋진 아나운서가 되고 말 테야!' 하고 속으로 다짐하는 아이가 있을 거라고 확신한다. 그리고 그 아이들 중 몇몇은 열심히 노력해 훗날 아나운서의 꿈을 이룰 학생도 있을 거라 믿는다.

　자신이 진정으로 원하는 꿈을 찾고, 하루하루 꿈을 이루기 위해 노력해, 마침내 그 꿈을 성취하는 것, 그것만큼 인생에 있어 값진 가치가 또 있을까?

　나는 대학 생활 내내 아나운서가 되기 위해 차근차근 준비를 했다. 그렇다고 머리를 싸매고 아나운서 시험공부를 했다는 착각은 마시길. 정확히는 아나운서의 기본 소양 마당발, 호기심 기타 등등을 착실히 다졌다. 지금이야 대학교 입학과 동시에 졸업 뒤의 취업 걱정에 토플, 토익 책을 붙들고 앉아 열심히 공부하는 학생들이 대다수이지만, 그때야 어디 그랬나? 말 그대로 공부보다는 같은 과, 같은 동아리 친구들과 함께 휩쓸려 다니며 젊음을 맘껏 즐기는 시절이었다. 나 역시 음주가무에 있어서는 그 누구에게도 뒤처지지 않는 열혈 투사였기에 정말 원 없이 대학 생활을 만끽했다. 특히 방송반 활동에 미쳐 공부는 뒷전이라 성적은 그리 좋지 못했다. 그러나 간절한 꿈, 바로 방송이라는 목표를 향해 한 발 한 발 나아가고 있었기에 크게 엇나가지는 않았던 것 같다.

　나는 우선 학교 방송을 통해 아나운서로서 갖춰야 할 기본 소양을 차근차근 쌓았고, 공중파 방송의 현장성을 몸에 익히기 위해 방송국 아르바이트 정보를 들으면 제일 먼저 달려갔다. KBS에서 당시만 해도 대북방송을 할 때였는데 그곳에서 아르바이트를 하며 같은 꿈을 꾸던 친구들과 일이 끝나면 여의도 앙카라 공원에 모여 앉아 밤새워 술을 마시며 자신만의 미래를 이야기하던 기억이 지금도 새롭다. 그렇게 학비도 벌면서 차근차근 준비하다가 본격적으로 아나운서 시험을 준비한 것은 대학 4학년 때부터였다.

내가 가고 싶은 곳은 춘천 MBC였다. 그러나 내 수줍은 희망을 들은 친구들은 모두 황당하다는 반응이었다. 방송국, 그것도 아나운서가 될 꿈을 꿨으면 당연히 서울 본사를 꿈꿔야지 대체 무슨 꿈이 그러냐는 것이었다. 하기야 내 꿈이면서도 나도 조금은 황당하기도 했다. 그러나 고백하자면 춘천은 내게 있어 그리움의 도시이자 열망의 도시였다.

나는 대학 1학년 생활을 보낸 춘천을 잊지 못했다. 그 춘천은 내게 죽을 만큼 행복했고 또한 힘겨웠던 첫사랑과의 추억이 깃든 곳이었다. 1980년대 초반, 춘천에서 젊은 시절을 보낸 사람이라면 누구나, 이외수 씨가 자주 들르던 클래식 다방 '전원'과 한수산 씨의 단골 찻집이던 '황제다실', 클래식 카페인 '전람회'와 디제이가 음악을 틀어주던 음악다방 '귀뚜라미'의 추억을 기억하지 않을까. 그중에서도 내가 가장 좋아했던 곳은 남자친구와 함께 가던 춘천 중앙로 2층 건물의 '비탈에 선 카페'라는 찻집이었다.

낭만적인 이름처럼 저릿한 성정과 감상이 배어 있던 카페. 누가 발이라도 올려놓을라치면 삐그덕삐그덕 비명을 내지르는 가파른 나무계단을 올라가면, 좁은 카페 한가운데 오래된 난로가 불을 피우고 있고, 촛불들이 전등을 대신하여 불을 밝히고 있었고, 곳곳에 놓여 있던 오래된 나무의자들까지……. 연극을 한다던 생머리 길게 늘어뜨린 음울한 인상의 여자가 줄담배를 피우던 모습을 훔쳐보며 "멋있다."고 중얼거리던, 음악을 한다던 그 부박한 인상의 남자가 기타 줄을 튕기며 구슬피 노래를 하면 왠지 세상이 아슴아슴해지던 스무 살의 기억. 대학교에서 사귄 첫 남자친구가 세상에서 제일 맛있는 걸 사주겠다며 처음 그곳에 데려가 5백 원짜리 카페오레라는 것을 사줬는데, 난생처음 먹어본 그 우유 넣은 커피가 정말 세상에서 제일 맛있었다.

나는 그곳으로 다시 돌아가고 싶었다. 그 사람은 이미 없었지만, 나는 그 사람이 아니라 내 자신이 가장 아름답고 행복했던 추억의 도시로 돌아가고 싶었다. 서울의 본사보다는 춘천 MBC에서 아나운서의 꿈을 펼치고 싶었던 이유가 바로 그 때문이었다. 어떻게 보면 어리석기 짝이 없는 바람이었지만, 곰곰이 따져보면 우리들은 이렇게 어처구니없게 아주 작디작은 동기에서 출발해 행동하는 경우가 종종 있지 않는가? 아니, 곰곰이 생각하면 우리들의 하루는 이성적인 판단보다는 감성적인 판단에 좌우되는 일이 많다.

사실 나는 지금도 이렇게 가끔 비현실적이고 감상적인 꿈을 꿀 때가 많다. 그러나 중요한 것은 이성적이냐 감성적이냐의

1982년 성심여대 2학년
대학방송제 때의 모습.
왼쪽 두 번째가 윤영미.

문제가 아닐지도 모른다. 보다 중요한 것은 가슴속의 울림에
따라 행동하는 것 아닐까? 그때 나는 내 마음이 향하는 대로
서울보다는 춘천으로 가기를 간절히 원했다. 단지 그뿐이었다.
내 마음이 그저 그렇게 말했다. 그래야 행복할 것 같았다.

　일단 목표를 선택하면 지독하리만치 집념을 보이는 성격 탓
에 나는 아나운서의 꿈이 이미 내 손 안에 들어와 있다고 자만
했다. 그런데 나중에 알고 보니 정작 그토록 원하던 춘천 MBC
는 공채를 하지 않는 게 아닌가! 이런 황당한 일이!
　나는 어쩔 수 없이 춘천으로의 귀향을 포기하고 서울의 여
러 방송사에 입사하기 위해 시험을 치렀다. 그리고 합격은 당
연한 줄 알았다.
　'초등학교 3학년 때부터 자그마치 12년을 아나운서만 되려
고 노력했는데, 내가 안 되는 게 말이 돼!'

좌충우돌, 윤영미 만들기 프로젝트

어느 방송국에서 나를 모셔갈까? 첫 방송은 어떨까? 시험 발표를 기다리는 동안 나는 이미 어엿한 아나운서였다. 그런데 아니었다. 나는 번번이 최종 면접에서 탈락하고 말았다. 말로 표현할 수 없을 만큼 아픔을 겪어야 했다. 그토록 오랫동안 꿈꿔왔던, 초등학교 3학년 때부터 마이크를 한시도 놓지 않으며 하늘이 내게 부여한 천직이라 여겼던 아나운서였는데 그런 내가 아나운서가 될 수 없다니……. 방송사에서 나를 원치 않는다는 현실에 좌절과 낙심은 너무도 컸다.

그러나 결코 다른 데 한눈팔 수는 없었다. 아나운서의 꿈이 내 인생 최고의, 그리고 '최선의 선택'이었으니까. 결국 1년 동안 말 그대로 아나운서 재수를 했다. 정말 어려운 시간이었다. 친구들은 벌써 직장을 잡아 어엿한 사회인이 되었는데, 나만 공중에 붕 떠버린 느낌. 좌절감이 물밀듯이 밀려왔다. 그러나 돌이켜보면 그 좌절의 기간이 나중에 생각해보니 참으로 소중한 약이 된 시간이었다.

'어떻게 해야 할까? 어떻게 해야 내 꿈을 이룰 수 있을까?'

수많은 불면의 밤, 고민에 고민을 거듭한 나는 생각다 못해 춘천 MBC 사장님께 직접 편지를 썼다. 물론 높은 자리에 계신 분이니 편지를 읽지도 않고 곧바로 쓰레기통에 버릴지도 몰랐지만, 답답한 심정을 밖으로 풀기 위해서라도 편지를 쓸 수밖에 없었다. 지금처럼 컴퓨터가 없던 시절이라 손으로 써내려간 무려 아홉 장의 장문의 편지. 나는 내가 왜 춘천 MBC 아나운서가 되어야만 하는지, 그리고 아나운서가 된다면 어떤 활동을 펼칠 것인지 구구절절이 풀어냈다. 내가 살아온 삶과 아나운서란 직업은 결코 뗄 수 없는 하나의 삶이란 절절한 편지글을 보냈다.

지성이면 감천이라고 했던가! 며칠 후였다. 춘천 MBC 사장님께서 손수 전화를 하신 게 아닌가! 사장님은 두 달 후 아나운서 시험이 있긴 한데 강원도 사람만 뽑는다는 원칙이 있지만, 나만 예외로 시험을 볼 수 있는 자격을 주겠다는 파격적인 제안을 했다. 그 뒤로는 일사천리였다. 필기시험, 카메라 테스트, 장시간의 면접을 거쳐 드디어 나는 그토록 갈망하고 원하던 '아나운서'가 되었다. 그야말로 내 삶에서 가장 기뻤던, 비로소 꿈을 이룬 날이었다.

요즘 나는 그런 생각을 한다. 만일 내가 첫 시도에서 어려운 아나운서 시험에 덜컥 합격했다면 어떻게 됐을까? 나는 무척 교만한 사람이 되었을지 모른다. 아나운서란 직업이 지금까지 이토록 소중하게 느껴지지 않았을지도 모르고, 그 꿈을 중도에 손쉽게 놓아버렸을 수도 있다.

마지막 기회에 기적처럼 이루었던 아나운서의 꿈! 너무도 갈망했고 어렵게 이루었기에 24년이 지난 지금도 나는 마이크 앞에만 서면 늘 처음 같은 설렘을 느낀다. 언제나 신나고 즐거운 나의 천직인 아나운서.

돌이켜보면 그날의 그 무모했던 편지가 아니었다면 나는 아나운서 지망생으로 보내다 다른 직업을 선택했을 테고, 평생 이루지 못한 꿈을 아쉬워하며 살았을지도 모른다. 감히 편지를 쓰겠다는 생각! 그것은 너무나 중요한, 내 인생의 큰 전환이 되는 기막힌 선택이었고 '용기'였다.

| 지 금 의 선 택 에 후 회 하 지 말 자 |

나이 마흔을 넘기면 인생을 살아가면서 겪는 이런저런 일들이란 게 완벽한 실패도 완벽한 성공도 없다는 것을 느끼게 된다.
마찬가지로 지난 일들을 뒤돌아보면 내가 선택한 것보다는 선택되어진 일이 더 많았음을 알게 된다. 아나운서로서 보냈던 24년. 어느새 너무도 긴 세월 동안 내 삶은 아나운서라는 무언의 상대와 치열하게 하루하루 다투고 화해하는, 지독한 사랑으로 늘 안주하지 못하고 절절매듯, 마치 일방적 연애를 하듯이 그렇게 지나간 시간들이었음을 기억한다.

고루하고 비루한 표현이라 여길지 모르지만, 나는 늦었다고 후회하더라도 자신만의 꿈과 적성을 찾는 여행을 지금이라도 떠나보라고 서슴없이 말하고 싶다. 그렇기에 늦은 나이에도 꿈을 좇아 마침내 성공한 분들을 보면 가슴이 따뜻해진다.

그중에서도 내가 엄지손가락을 치켜세우는 분이 행복전도사로 한창 주가를 올리고 계신 최윤희 선생님이다. 그분을 보면 기분이 정말 좋아진다. 그러나 그녀에게 시련이 없었을까. 1980년대 중반, 남편의 사업 실패로 하루아침에 월세 단칸방도 구하지 못할 나락으로 떨어졌을 당시 그녀의 나이는 벌써 서른여덟이었다. 주부 생활 15년차라는 것은 자의든 타의든 '주부'라는 타성에 젖어도 한참 젖을 나이일 수밖에 없었지만, 그녀는 과감히 떨쳐 일어나 갖은 노력 끝에 광고회사의 카피라이터가 될 수 있었다.

하지만 직장 상사는 은행이 문을 닫기 직전에 자신의 공과금을 대신 내달라고 심부름을 시키는 등 그녀를 쫓아내기 위해 갖은 수를 부렸지만 그녀는 결코 포기하지 않았다. 상사의 구박이 심해질수록 더 열심히 노력했고, 인간 최윤희를 제대로 보여주자는 오기가 발동해 노력으로 치자면 노벨상을 탈 정도로 하루하루를 치열하게 살았다고 한다. 그리고 어느 날 뒤를 돌아보니 현대방송 부국장의 자리까지 올라 있었다. 그녀는 이제 행복을 주제로 강의하는 '행복 디자이너'가 되어 있다. 마찬가지로 한국 문단을 대표하는 소설가인 박완서 선생님도 무려 마흔의 나이에 문단에 첫발을 내딛었지만, 오늘 한국 문단을 이끌고 계시지 않는가. 이처럼 꿈을 좇아 한 걸음 한 걸음 내딛는 발걸음은 나이도 없고 선후의 차이도 없다.

좌충우돌, 윤영미 만들기 프로젝트

　우리는 인생을 살면서 '이랬다면 어땠을까?', '그 순간 다른 결정을 했으면 내 인생이 지금 어떻게 변했을까?'라고 많은 가정을 한다. 재밌는 것은 그때 그 선택을 하지 않아, 혹은 그 선택을 해 다행이라고 안도의 한숨을 내쉬는 경우는 그리 많지 않은 것 같다. 대개는 후회와 자책의 한숨일 경우가 많다. 학교 다닐 때 공부를 조금만 더 열심히 했더라면, 조금 더 열심히 노력했더라면…….

　요즘 영화 프로그램을 소개하는 일을 하다 보니 영화를 볼 기회가 많은데, 이런 인생의 가정을 다룬 영화들이 정말 많다는 것을 새삼 느낀다. '레트로액티브'나 '나비효과' 같은 경우가 그런데, 어떤 결정을 후회할 때 과거로 돌아가 새로운 운명을 만드는 이야기들이다. 그러나 아이러니컬한 것은 잘못된 인생을 바꾸기 위해 과거로 돌아가도 역시 결과는 결코 좋지 않다는 것이다.

　무엇을 말하는 것일까? 영화들은 아마도 인생이 선택의 순간을 잘 잡는 행운에서 따르는 게 아니라 순간순간 최선을 다해 노력하는 게 더 낫다는 것을 말하고 싶은지도 모른다.

　늦었다고, 이미 돌이킬 수 없다고 좌절하고 후회하지 말자. 조금 늦었으면 어떤가? 죽을 때까지도 자신의 꿈을 모르는 이들도 많다. 살아 있는 동안 깨달았다는 것만으로도, 내 진정한 꿈을 위해 한 발자국 내딛었다는 것만으로도 큰 의미가 있지 않을까?

좌충우돌 새내기 아나운서!

WONDERFUL PASSION

마침내 어릴 적부터 꿈에서도 그리던 아나운서로 첫 출근을 한 날, 나는 춘천 MBC 방송국 로비에 들어서며 속으로 외쳤다.

내가 '10살 때부터 꿈꾸던 아나운서가 아닌가? 이제부터는 자연인 윤영미가 아니라 아나운서 윤영미로서 우뚝 깃발을 세우자! 반드시 최고의 아나운서가 될 거야. 아자, 윤영미 파이팅!'

그동안 이런저런 경험도 많이 쌓았기에 자신감도 하늘을 찔렀다. 하지만 웬걸. 하늘까지 치솟은 자신감이 땅바닥으로 곤두박질치는 것은 며칠이 걸리지 않았다. 밖에서 보던 것과 안에서 직접 부닥치는 것은 정말 하늘과 땅만큼 차이가 컸다.

"어이, 신인. 이렇게 쉬운 것도 모르고 학교에서 뭐 배웠어?"

'뭐 하긴 뭐 해요? 코피 터지게 열심히 연애했죠!'

"신참이면 패기가 있어야지. 한 번 실수했다고 꼬리 내린 강아지처럼 그게 뭐야?"

'패기? 방금 전까지 예의 있어야 한다고 했잖아요!'

선배들이 으르렁댈 때마다 독백 성질 같으면 대사로 했겠으나! 으로 투덜거렸지만, 사실 내가 생각해도 최악의 나날이었다. 스스로 '윤영미, 너 하루에 실수 한 가지 안 하면 입 안에 가시가 돋치니?' 할 정도였다. 열심히 하려는 의욕만 앞서 엉뚱한 실수를 범하고, 실수하면 어쩌나 벌벌 떨다가 또 실수하고……. 그렇게 하루하루 터뜨리는 실수가 지뢰밭에서 데굴데굴 구르는 수준이었다.

그때마다 눈물이 쏙 빠질 만큼 혼나는 것은 기본이었다. 개중에서 제일 끔찍했던 기합은 지금 떠올려도 얼굴이 새빨갛게 변할 만큼 끔찍했다. 바로 말끔한 정장 차림의 동기 셋과 회의실에서 나란히 선 채 팔 들고 있기였다! 아아, 벌 받는 초등학생 꼬맹이도 아니고……. 남들이 부러워하는 아나운서들이 이렇게 손들고 벌서기 한다는 거 사람들은 알기나 알까?

"방송이란 실수가 결코 용납되지 않는 직업이다. 한번 실수하면 되돌릴 수 없기 때문이야. 그런 정신 상태로 어떻게 아나운서가 되겠어? 지금이라도 적성에 안 맞다 싶으면 짐 싸들고 나가!"

　호되게 꾸짖는 선배들의 질책을 1년 내내 귓가에 이명처럼 붙이고 살아야 했다. 그러나 선배의 말처럼 방송이란 잠깐의 실수도 마치 뻥튀기 기계에 들어갔다 나온 옥수수 알처럼 커지게 마련이었다. 그러나 어쨌든 사람이 하는 일이라 방송국은 황당 에피소드의 천국일 수밖에 없다.

　라디오 심야 음악 방송은 일주일에 딱 한 번만 생방송을 하고 나머지는 미리 녹음을 해 그날그날 틀어주는 경우도 있는데, "오늘 날씨가 무척 맑네요."라고 일기예보에 따라 녹음한 방송을 내보냈는데 그날 함박눈이 펑펑 내리는 경우도 있다. 지금은 디지털 방송이라 그때그때 방송 분량이 표시가 돼 시간을 맞추는 게 쉽지만, 당시는 모든 것을 릴 테이프에 녹음을 하던 때라서 시간을 잘못 맞추면 테이프를 앞으로 돌려 몇 번씩 녹음을 하는 경우도 비일비재했다. 심지어는 아주 오래 전 어떤 선배의 경우, 마이크가 꺼진 줄 알고 욕을 했다가 욕이 그대로 방송에 나가 물의를 일으켰던 경우도 있다.

　나 역시 방송 사고를 여러 번 겪었다. 메인 뉴스에는 대본이 자막으로 뜨는 프롬프터가 있어 사고 위험이 극히 적지만, 라디오 뉴스는 대본을 직접 읽는데, 한창 읽는데 뒷장이 없는 게 아닌가! 그때의 그 눈앞이 노랗게 변하는 경험은 아마 겪어보지 않은 사람은 정말 모를 거다. 결국 어쩔 수 있나? 소설가가

좌충우돌, 윤영미 만들기 프로젝트

되어 그럴듯하게 지어서 얘기하는 수밖에.

고백하자면 나 역시 술에 취해 방송 사고를 낸 적도 있었다. 토요일이었던 것으로 기억하는데, 선배가 밥이나 먹자며 방송국 밖으로 잡아끄는 게 아닌가.

"선배님, 제가 오늘 근무라 나가서 먹기는 힘들 것 같은데……."

"얼른 먹고 들어와서 준비하면 되지. 따라와."

하늘같은 선배의 명령이라 결국에는 울며 겨자 먹기로 따라갔는데, 밥을 먹으면서 반주로 막걸리를 시키는 거였다. 안 된다고 해도 딱 한 잔만 하라는 강권에 마지못해 들이킨 술이 화근이었다. 헐레벌떡 시간에 맞춰 방송국으로 돌아오기는 했는데 낮술 한 잔에 취기가 올라 그만 혀가 굳고 말았다. 시보^{시간고지}를 알리는데, 어찌나 혀가 배배 꼬이던지. 인터넷으로 반복 재생이 가능한 지금이라면 어땠을까? 아무튼 무사히 넘긴 줄 알았는데 "그 시보 방송하던 아나운서 목소리가 좀 이상하던데. 혹시 술 먹고 한 거 아냐?" 하는 누군가의 말에 간이 오그라들고 말았다.

아나운서 생활은 겉보기만 그럴듯할 뿐, 하루하루 실수의 연속이면서 업무도 완전 노가다 저리 가라였다. 24년 아나운서 생활 동안 그때만큼 업무가 많았던 적은 단연코 없었다. 지금도 지방 방송국은 이래저래 제작 여건이 열악하기는 마찬가지지만, 그때는 일손이 너무 딸려 아나운서들이 심지어 제작에 참여하는 적도 많았다. 지금은 모든 방송이 디지털 작업이라 그럴 필요가 전혀 없지만, 당시만 해도 라디오 시보를 매시간 직접 해야 했다. 당연히 잘해봤자 티도 안 나는 일이니, 시보를 알리는 임무는 전적으로 나를 포함한 아나운서 새내기 3인방의 몫이었다.

"○○ 제공 시보 정각 7시를 알려드립니다. 이어서 '한낮의 휴게실'이 방송됩니다……."

매시간 이 몇 문장을 알리기 위해 새내기 아나운서 3인방이 흘렸던 피와 땀방울을 청취자들은 조금이라도 알까! 그것도 4층 아나운서실에서 지하 스튜디오까지 다른 업무를 보다 말고 매시간 헐레벌떡 오르락내리락하다 보면 나중엔 현기증에 정신이 어찔어찔해지기도 했다. 게다가 방송이란 게 토요일, 일요일, 빨간 날이라고 쉬는 것도 아니고……. 더해 지방 방송국이라 여유 인력이 없기에 첫 해부터 처음부터 책임지고 맡아야 하는 프로그램이 무려 대여섯 개였다. 메이크업과 머리 손질도 손수 해야 하고, 원고 쓰기에 엽서 정리, 음악 선곡, 각종 섭외까지……. 어떤 날은 밥 먹을 시간도 없었다.

그만큼 체력적으로는 참을 수 없을 만큼 무리였지만, 하루하루를 참을 수 있었던 것은 오로지 하나였다. 아나운서라는 일이 내가 평생을 꿈꾸던 일이었기 때문이었다. 단지 남들이 보기에 멋지고, 선망하는 직업이라 아나운서를 선택했다면 포기하고 말았을 만큼 체력적으로, 정신적으로 힘든 나날이었다.

1986년 춘천 MBC 시절,
FM '한밤의 데이트' 진행
모습.

그러나 방송 짬밥(?)이 늘면서 나는 조금씩 자리를 잡아가기 시작했다. 몸으로 구르며 배우니 하루가 다르게 실수가 줄었고, 업무도 워낙 강도가 심해 금세 숙달할 수 있었다. 무엇보다 보람 있고 뿌듯했던 것은 '윤영미'라는 아나운서를 세상이 알아주는 즐거운 경험이었다. 특히 '푸른 신호등'을 진행할 때는 택시만 탔다 하면 공짜였다. "어디어디 가주세요."라고 하면 기사 아저씨가 고개를 갸우뚱거리며 "어디서 많이 듣던 목소린데……. 혹시 '푸른 신호등' 진행하는 아나운서 아니요?" 하고 묻는 게 아닌가. 택시 기사 아저씨들이 제일 즐겨 듣는 프로그램이 '푸른 신호등'이니 내 목소리가 귀에 익을 대로 익은 것이다. 그렇다고 대답하면 그 뒤는 일사천리였다. 택시비를 내려고 해도 한사코 됐다며 즐겁게 웃어주시던 택시 기사 아저씨들이 지금도 생각난다.

무엇보다 1985년부터 춘천 MBC에서 근무했던 5년 동안 잊을 수 없는 것은 바로 심야 라디오 음악 프로그램인 '윤영미의 한밤의 데이트'를 진행했던 소중한 추억이다. 몇 년 전 안성기, 박중훈 주연의 '라디오 스타'라는 영화를 본 적이 있는데, 그때 나는 영화를 보며 정말 많이 웃고 울었다. 물론 내가 한물간 인기스타는 아니었지만, 그와 비슷한 정말 가슴이 따뜻하게 데워지는 아름다운 추억을 간직하고 있었기 때문이다. '한밤의 데이트'를 진행할 때 나는 춘천 MBC의 스타였다. 사실, 지방은 연예인이 없기 때문에 여자 아나운서가 연예인만큼의 인기가 있었는데, 그 인기가 얼마나 대단했는지 한번은 웃지 못할 일도 있었다.

당시 전국구 최고의 라디오 프로그램이었던 '이종환의 디스크 쇼'가 춘천에서 생방송을 한 적이 있었다. 내가 옆에서 이종환 씨의 진행을 도왔는데, 이종환 씨가 속으로 본인이 하는 프로그램의 이름이 맨 처음 거론될 것을 예상하며 학생들에게 마이크를 들이댔다.

"평소 제일 좋아하는 라디오 프로그램이 뭐죠?"

"윤영미의 '한밤의 데이트'요!"

당연히 '디스크 쇼'라는 대답을 들을 줄 알았던 이종환 씨가 얼마나 난감했을까. 그런데 묻는 족족 다들 윤영미가 하는 라디오를 즐겨 듣는다고 대답했던 것이다.

"영미 씨, 도대체 라디오 진행을 어떻게 하는데 학생들이 이렇게 좋아하는 거야?"

좌충우돌, 윤영미 만들기 프로젝트

나는 방송이 끝나고 혀를 내두르는 이종환 선생님을 보며 미안해하면서도 한편으로는 기분이 좋아 어깨를 으쓱했다. 환경은 서울에 비할 수 없을 정도로 열악했지만 학생들 사연을 많이 방송해주고, 나이 차이가 얼마 나지 않는 언니로서 이런저런 이야기도 해주는 등 정말 가족처럼 지내려고 노력했던 5년 동안 내 책상에는 언제나 수북한 러브레터가 놓여 있었다. 정말 연예인 못잖은 인기를 누렸던 시절이었다.

지방 방송국의 라디오 아나운서가 자신보다 인기가 있다는 게 기분 나쁘기보다는 대견했는지 이종환 선생님은 서울로 올라간 뒤로도 꾸준히 연락을 했고, 가수들까지 소개해 춘천으로 내려 보내줘 내 방송에 출연을 시켜주었다. 그때 만나 소중한 인연을 아직도 이어가고 있는 이들이 이문세, 이수만, 김수철, 장필순 등등이다. 지금은 한국의 대중가요를 움직이는 가수들이지만 그때만 해도 자유로운 영혼의 싱그러운 30대 초반 총각 가수들이었다. 특히 이문세 씨가 자주 춘천에 내려와 공개방송을 했는데, 서로 마음이 잘 맞아 같이 돌아다니는 바람에 연애한다는 소문까지 날 정도였다. 재밌는 것은 그때 그분들 출연료가 단돈 5천 원이었다는 사실. 방송을 끝내고 춘천역에 배웅을 나가 봉투에 5천 원을 담아 드릴 때면 얼마나 창피하던지. 결국에는 너무 미안해서 내가 개인적으로 그분들을 모시고 닭갈비에 막국수를 대접하고 기차표까지 끊어 역까지 배웅을 하곤 했다.

나는 요즘도 갓 입사한 새내기 직원들에게 늘 하는 말이 있다.

"나중에 가장 고마워하는 선배는 오히려 잘못했을 때 눈물 쏙 빠지게 혼냈던 선배다."

새는 하늘을 날기 위해 어린 털을 다 뽑아야 한다. 그래야 억세고 튼튼한 깃털이 자라 세찬 비바람을 가를 수 있다고 하지 않던가. 사람이라고 다를까. 유치幼齒를 뽑아야 비로소 튼튼한 영구치가 나 평생을 써먹을 수 있지 않은가.

나는 그 옛날, 나를 혼냈던 선배들을 잊지 못한다. 그들은 내 보송보송한 깃털을 몽땅 뽑아 튼튼한 깃털로 털갈이를 하게 해준 고마운 존재였다. 깃털이 뽑힐 때는 고통스럽지만, 그 고통의 상처에서 끝내는 멋진 깃털이 자라나는 것이기에.

지금 만약 직장에서 자신을 호되게 몰아붙이는 상사가 있다면 고마워해야 한다. 가르쳐주려고 괴롭히는 게 아니라, 그냥 괴롭히는 거라고? 그래도 상관없다. 앞에서 잠깐 말했던 최윤희 선생님도 자신을 그렇게 괴롭히던 직장 선배 덕이 컸다고 하질 않던가. 인생의 가시는 나를 키워주는 고마운 인생 막대기인 것이다.

실패는 YES! 좌절은 NO!

WONDERFUL | PASSION

PART 01 좌충우돌, 윤영미 만들기 프로젝트

1987년 10월 15일, 엄청난 폭풍우가 영국 남부를 덮쳐 무려 1억 5천만 그루의 나무가 뿌리째 뽑히는 큰 재해가 있었다. 처참한 현장은 재앙 그 자체였다. 그런데 시일이 흘러 폭풍우가 의외로 여러 가지 유익한 지식을 얻는 데 도움을 주는 역할도 했다는 게 밝혀졌다. 예를 들어 나무가 어느 정도 뿌리를 내려야 강풍에 견디는지, 해안가에 방풍림을 조성하는 것과 안 하는 것의 차이가 얼마나 큰지, 씨앗부터 자란 나무가 옮겨 심은 나무보다 얼마나 잘 버틸 수 있는지 등등을 알 수 있었던 것이다. 무엇보다 폭풍우가 헤집어놓은 덕분에 토양이 비옥해져 경제적 손실을 넘어서는 이익이 발생했다는 결과가 재해가 수습된 다음해에 보고되었다고 한다.

재해, 고통이란 당시에는 도무지 견딜 수 없을 것만 같은 재앙이다. 그 어떤 위로도 도움도 힘이 되지 못한다. 당장이라도 하늘이 무너지고, 땅이 갈라지고, 꽃잎 한 장 무심히 떨어지듯 버거운 생이 끝날 것만 같다. 그러나 우리는 그 힘든 시간들을 어떻게든 버텨낸다. '곧 지나가겠지. 곧…….' 시간이라는 약을 삼키며. 그리고 시간이 흘러 뒤돌아보면 어느새 고통은 썰물이 빠지듯 사라져 있다. 또 종종 신기하게도 그때의 고통이 큰 이득이 될 때가 있음을 깨달을 때도 있다. "그때의 시련이 참 좋은 약이 되었다."고 흔히 말하듯.

"최근 얼마간은 지금을 '지금으로만 들여다보고' 있었습니다. 그래서인지 눈썹 사이가 더 좁아지고, 그저 어려운 것만 보이고 움츠러들어 더 작아지고, 그래서 웃어본 지도 꽤 오래되었던 것입니다.

오랜만에 저 앞에 가서 '지금을 바라다보게' 했더니, 신기하게 어려움 그 이후가 보이는 것입니다. 지금의 경제 상황은 폭풍우가 쓰러뜨린 나무처럼 여러 가지를 움츠리게 하고, 앗아갈지 모릅니다. 하지만 훗날, 나무들을 키운 가장 근본적인 토양을 비옥하게 만들었듯이, 무슨 이득을 만들어낼 것이 분명합니다.

좌충우돌, 윤영미 만들기 프로젝트

문제는 그것이 어떤 이득이었는지는 이 시기가 지나보아야 알 것이므로 지금 해야 할 일은 '지금'을 잘 보내는 데 있습니다."

〈행복이 가득한 집〉의 이영혜 대표 글처럼 나 역시 힘겨운 일을 겪을 때면, 그 안에 반드시 좋은 점 한 가지쯤은 있다고 믿으려 노력한다. 생명을 앗아간 빙하기가 있었기에 지금 우리가 쓸 수 있는 석유가 만들어졌듯, 실연을 당해 온 세상이 무너진 듯해도 그 결별이 오히려 더 좋은 사람을 만날 수 있는 계기가 될지도 모르는 것처럼 말이다.

아나운서 시험에 연달아 낙방할 때만 해도 내 낙심은 상상조차 못할 만큼 컸다. 단순히 취업을 하고 못하고의 의미가 아니었다. 그럴 거라면 다른 직장을 알아보면 됐다. 그러나 내 소중한 꿈이, 어릴 적부터 곁눈질 한 번 안 하고 꿔왔던 꿈이 절벽에 가로막혔다는 것을 깨달은 것은 절망 그 자체였다.

그러나 이제 나는 그때의 시련이 얼마나 나를 낮춰주었고, 내 일에 대한 소중함을 갖게 해주었는지 알 수 있다. 시련이란 그런 것이다. 죽고 못 살 것 같던 한 사람을 떠나보낼 때는 세상을 다 잃은 것 같지만, 뜨거웠던 감정이 식고 나면 아름답던 추억으로 남듯이……

우리에게 닥치는 불행과 실패는 어쩌면 그것을 이겨나가는 방법을 가르쳐주기 위한, 아프지만 꼭 필요한 과정일지도 모른다. 앞의 글처럼 지금만을 들여다보면 좌절할 수도 있지만, 조금만 떨어져 지금을 바라다보면 불행이 불행만은 아닌, 행복으로 가기 위한 감사한 주춤거림일 수도 있지 않을까? 마치 하늘에서 내려다보듯이 내 인생을 앞서 가 저만치에서 지금을 바라보면 지난 옛 이야기를 하듯이 흘러가는 한 통로일 뿐, 지금이 끝은 아니라는 것. 요즘 나는 쏜살같이 나이 먹어가고 있는 내 모습이 너무 서글플 때면 '상상'이라는 이름의 타임머신을 타고 40년 뒤로 훌쩍 날아간다. 그러면 여든 살의 내가 보인다. 그리고 그녀는 40년 전, 지금의 내 젊고 아름다운 모습을 기억하며 그날의 고통과 상처들이 한낱 종잇장 같이 얄팍하게 느껴질 것이다.

먼 훗날을 앞서 가보면 슬픔과 두려움의 격랑이 조금은 밋밋하고 잠잠하게도 느껴지게 된다. 어쩌면 얄팍한 자기합리화이고, 인생무상이란 말처럼 들리기도 하지만, 어쨌든 겪어나가야 할 일이라면 좀 덜 힘들게, 덜 상한 마음으로 가야 한다는 이야기이다.

| 불행아, 정말 고맙다! |

나는 한쪽 문이 닫히면 또 다른 문이 열린다는 것을 여러 번 경험했는데, 마음가짐에 따라 행복과 불행은 순식간에 자리바

좌충우돌, 윤영미 만들기 프로젝트

꿈을 할 수도 있다. 성경에도 "늘 감사하라! 그리고 모든 것은 협력하여 선을 이루리라." 하고 나와 있지 않은가!

생각의 차이가 인생의 차이를 만든다. "아프다, 아프다." 하면 더욱 아프듯 "할 수 있어. 할 수 있어."라고 소리치면 없던 힘도 생긴다.

긍정의 언어로, 단단한 마음으로 나의 생을 다잡아 보자. 살다보면 깊은 구덩이에 빠질 때도 있고, 길이 보이지 않는 울창한 숲도 지나야 하며, 깊은 강도 건너고, 가파른 능선도 넘어야 한다. 그러나 끊임없는 사막에도 오아시스는 반드시 있는 법이다. 그 모든 역경의 어느 순간, 시원한 그늘이 나타나고 순탄한 평지가 비로소 모습을 드러낸다.

몸이 현재의 고통을 견디려면, 마음을 행복한 미래에 놓아두어야 한다. 오늘 하루를 5백 원짜리 크림빵 하나로 허기를 채우며 눈물을 흘릴 수도 있지만, 그럼에도 우리가 오늘을 버티는 힘은 언젠가는 10만 원짜리 풀코스 만찬을 즐길 때가 반드시 오리라는 한 가닥 긍정의 힘 때문이 아니겠는가. 긍정의 힘. 이게 바로 불행을 행복으로 바꾸는 비법 아닌 비법이라고 나는 확신한다. 그리고 내기를 하자.

"불행아, 네가 이기나 내가 이기나 한번 해보자!"

두려워 피하면 더 두려워질 뿐이다. 온몸에 힘을 빼면 몸이 물에 뜨고, 팔에 힘을 빼면 골프가 늘듯이 한 발자국 물러나 인생에 내 몸을 순연히 맡겨버리자. 마음을 비운 사람이 세상에서 가장 무섭다는 말처럼.

　인생은 생각하기에 따라 빠르기도 하고, 느리기도 하고, 속절없기도 하고, 가치 없기도 하다. "인생은 가까이서 보면 슬프고, 멀리서 보면 우습다."는 말을 나는 기억한다. 슬픔도 아픔도 다 결국은 지나가게 마련이다. 다만 지나면서 조금 더 행복한 마음으로 지났으면 하는 바람을 가질 뿐이다. 결국 비관과 낙관은 한끝 차이라고 나는 소박하게 생각하려 노력한다. 행복과 불행은 한 몸이니 말이다. 100% 좋은 일도 100% 나쁜 일도 없듯이. 삶을 어느 방향에서 보느냐 하는 것은 진정 생각하기 나름이다.

　혹시 지금 힘든 일을 겪고 있는가?

　만약 그렇다면 어렵더라도 미래를 위한 축복이라고 마음을 다잡자.

　불행을 대하는 자세는 두 가지이다.

　불행을 불행으로 바라보면 배울 게 없다. 흉한 상처만 남는다.

　불행을 배움으로 바라보면 남는 게 있다. 영광의 상처가 남는다.

　쉬운 말은 아니지만, 오늘도 나는 힘든 일을 겪을 때면 나직이 중얼거린다.

　"불행아, 고맙다!"

방송, 얼굴로 합니까?

WONDERFUL | PASSION

PART 01 좌충우돌, 윤영미 만들기 프로젝트

"얼굴이 꼭 예뻐야 아나운서를 할 수 있나요?"

대학교에서 강의를 하다 보니 열심히 아나운서의 꿈을 키워가는 학생들을 많이 만나게 되는데, 학생들이 내게 가장 많이 묻는 질문 중의 하나가 바로 이것이다. 글쎄, 이런 질문을 받을 때마다 참 난감하다.

"아나운서는 다양한 방송을 소화해야 하는 만큼 좋은 음성과 정확한 발음의 말솜씨에 폭넓은 교양을 갖추는 게 무엇보다 중요하지, 얼굴은 크게 중요하지 않다."라고 고리타분한 교과서를 읽듯 말하자니, 실상은 꼭 그렇지만은 않고…… 그렇다고 얼굴이 아나운서가 되는 데 얼마만큼의 비중을 차지한다고 딱 잘라 말하자니 정확한 기준도 없고…… 아나운서의 얼굴, 과연 얼마나 중요할까?

관점을 바꿔 이야기하면 아나운서의 외모가 어떠해야 하는지 대략 감이 잡힐 것도 같다. 예를 들어 아나운서는 연예인과는 외모의 중요성에서 차이가 있다. 연예인들은 당연히 외모가 중요하다. 그렇다고 다 예쁘고 잘생긴 연예인만 있는 것도 아니다. 세상에 각양각색의 사람이 존재하듯이 잘생긴 주인공도 중요하지만, 못생긴 개성파 조연과 엑스트라도 있어야 작품이 만들어지지 않는가.

반면 아나운서는 주연급의 빛이 번쩍번쩍 나는 휘황찬란한 외모도, 개성 있는 조연급의 외모도 부담스럽다. 아나운서가 무조건 잘생기고 예쁘기만 하면 연예인과 무슨 차별화가 되겠는가? 따라서 아나운서는 누구나 호감을 느낄 법한 지적인 외모가 중요하다. 연예인이야 시청자들 각자가 좋고 싫은 호불호가 나눠지기에, 좋아하는 연예인이 나오는 프로그램만 골라서 볼 수도 있겠지만 뉴스도 하고, 교양 프로그램도 하고, 예능 프로그램, 내레이션, 라디오 디제이, 스포츠 중계도 하는 아나운서를 취향대로 골라서 볼 수는 없는 노릇이니. 물론 요즘엔 아나운서도 전문화가 되어가는 추세라 한 가지 분야에 두드러지게 특화된 이들도 있지만, 아무리 그래도 최소한 라디오 뉴스라든가 교양 프로그램 등 아나운서가 반드시 해야 하는 방송은

좌충우돌, 윤영미 만들기 프로젝트

있을 수밖에 없다. 한마디로 아나운서는 무조건 예쁘고 잘생기기보다는 다양한 방송을 맡는 특성상, 부담 없이 호감이 가는 외모를 지니는 게 유리하다.

그러나 요즘 아나운서 지망생들은 아나운서가 연예인처럼 무조건 예뻐야 한다는 관념에 사로잡혀 있는 것 같다. 데뷔하는 연예인들이 성형을 몇 군데 했네, 안 했네, 하고 떠드는 것처럼 아나운서 지망생들도 성형을 몇 번을 하고, 성형 비용을 마련하기 위해 아르바이트까지 한다는 얘기를 들은 적이 있는데, 성형 문제는 사실 '해라, 마라.' 하고 단정적으로 말하긴 참 어렵다. 자신의 신체 일부를 자연스럽게 고쳐 자기만족을 하고 자신감이 충족된다면 그리 부정적인 것만도 아니고, 또 부모님께 물려받은 신체에 손을 대선 안 된다, 생긴 그대로를 간직해야 한다고 생각한다면 또 자기 주관대로 행하면 그만인 것. 결국 각자의 가치관에 따를 수밖엔 없는 일이지 싶다.

단지 외모에 있어서 한 가지 분명한 사실은 자신만의 개성을 살려야 한다는 것이다. 완벽하진 않지만 매력적인 개성을 갖고 있던 연예인이 얼굴을 고쳤을 때 그만의 매력이 사라진 경우를 종종 보지 않았던가? 나만이 갖고 있는 매력과 개성을 충분히 살리면서 아름다운 외모를 가꾸는 것, 어렵지만 가장 중요하지 않을까 생각한다.

SBS 아나운서 윤영미의 열정

| 외 모 콤 플 렉 스 를 극 복 하 라 |

나 역시 우리나라 모든 여자 아나운서를 외모로만 따져 줄을 세운다면 거의 뒷줄에 서 있어야 할 입장이다. 지금은 외모가 전부가 아님을 알기에 그렇지 않지만 불과 몇 년 전까지만 해도 나 역시 외모 콤플렉스에 무척 시달렸다.

어릴 적부터 나는 우리 집 딸 셋 중에 가장 못생겼다는 이야기를 들었다. 여드름에 점령당한 주근깨투성이의 피부에 쌍꺼풀 없는 눈, 키도 작고 몸매도 볼품이 없는, 볼 것 없는 못난 아이였다. 내 첫 꿈이었던 영화배우를 쉽게 포기하고 아나운서를 꿈꾸게 되었던 것도 외모 탓이었는지도 모른다. 주인공을 하기엔 턱없이 부족하다는 자각! 그래서 목소리나 말솜씨가 중요하고 상대적으로 외모를 덜 볼 것 같은 아나운서를 꿈꾸게 되었는지도 모른다. 어릴 적부터 남 앞에 나서길 좋아했고, 음성만큼은 꽤 좋다는 이야기를 듣기도 했고, 이야기를 맛깔스럽게 잘한다는 평을 들었기에 배우가 돼 주인공이 못 된다면 아나운서가 되자고 결심했는지도 모른다.

그러나 아나운서가 된 다음에도 외모 콤플렉스는 나를 늘 괴롭히며 따라다녔다. 하루가 어떻게 지나는지도 모를 정도로 바쁘게 뛰어다니던 입사 초기의 어느 날이었다. 부랴부랴 라디오 뉴스를 마치고 복도를 걸어가다가 방송국 간부 두 분과 마주쳐 인사를 했다. 그런데 멀어지던 두 분이 속삭이는 이야기

좌충우돌, 윤영미 만들기 프로젝트

를 우연히 들을 수 있었다.

"저 윤영미 아나운서는 방송은 잘하는데 얼굴이 좀……."

"그러게 말이야. 하하하."

우뚝 멈춰 선 내 두 손에는 어느새 힘이 잔뜩 들어가 있었다. 얼굴이 벌겋게 달아올라 복도에 멈춰 선 채 한참을 숨죽여 요동치는 가슴을 진정시켜야만 했다. 나는 화장실로 달려가 거울에 비친, 눈물을 참으려고 붉게 달아오른 내 얼굴을 물끄러미 바라보았다.

'내 얼굴이 정말 아나운서로서 성공하기 힘든 얼굴인가!'

되뇌면 되뇔수록 상처는 커져만 갔다. 아나운서가 꼭 예뻐야 한다는 법은 없다는 사실을 알고 있으면서도 가슴 한편에 지울 수 없는 상처가 나고 말았다. 그날의 상처로 나는 그분과 마주칠 때마다 도저히 얼굴을 똑바로 쳐다볼 수가 없었다. 마주칠 때마다 그가 속으로 '못난이, 못난이'라고 비웃으며 놀리는 것은 아닐까 두려웠다.

SBS 초창기, 라디오 심야 음악 방송을 할 때에도 충격을 받은 적이 있었다. 내 목소리가 심야 방송에 어울리는 흡입력 있는 음성이라며 많은 이들이 좋아했는데, 어느 날 충격적인 내용의 엽서가 왔다.

"평소 윤영미 아나운서의 방송을 듣고 목소리만큼이나 얼굴이 얼마나 예쁠까 상상하고는 했어요. 그런데 마침 기회가 돼 SBS 방송국을 방문했다가 윤영미 아나운서를 멀리서 볼 수

있었는데, 내가 상상했던 모습과는 정반대인 너무 뚱뚱하고
아줌마 같은 얼굴의 실망스러운 모습이지 뭡니까.”

아아, 이런 충격이라니! 나 역시 내가 처녀치고는 날씬한 몸
매가 아니고, 빼어난 미모도 아니란 것을 잘 알고 있었지만, 내
프로그램 청취자로부터 이런 충고를 듣다니! 메가톤급 충격을
받은 그날 이후로 나는 곧바로 살과의 전쟁에 돌입해 살을 무
려 10킬로그램이나 빼고 외모에 상당한 신경을 쓰게 되었다.
그래서 나는 종종 우스갯소리로 이렇게 말한다.

“다른 사람의 한마디가 내 삶을, 내 외모를 송두리째 바꿔놓
을 수 있는 힘이 있다는 걸 그때 절실히 깨닫게 되었지 뭐니.”

지금은 그때의 아픔이 정말 고맙다. 그분의 말이 날카로운
비수가 되어 내 살을 뭉텅뭉텅 잘라낸 덕분에 날씬해졌으니!
어쨌든 나로서는 손해는커녕 이득이었다.

내가 원하는 방송을 맡지 못하면 ‘내가 못생겨서 남들보다
뒤처지는구나!’ 하는 자괴감에 빠져 힘들었고, 내가 그토록 원
하던 자리를 차지한 아나운서를 보며 ‘저 아나운서는 방송은
나만 못한데 얼굴이 예뻐서 저리도 잘나가는구나.’ 하고 시기
심에 몸을 떨었던 적도 여러 번이었다.

그러나 돌이켜보면 그것은 반은 맞고, 반은 틀린 이야기였
다. 물론 내 외모가 결정의 순간, 전혀 영향을 미치지 않았다고
는 확신하지 못한다. 그러나 내 실력이 다른 아나운서보다 월

좌충우돌, 윤영미 만들기 프로젝트

등했다면 원하던 자리를 꿰찰 수 있었을지도 모른다. 나는 내 외모를 단점이라고 생각하면서도 인정하지는 못하고 있었다. '외모 콤플렉스'에 신경만 곤두섰을 뿐, 콤플렉스에서 헤어나오지는 못했다. 외모가 단점이라는 것을 인정했다면, 나는 그 단점을 뛰어넘기 위해서 보다 더 열심히 노력했어야 했다. 그 길만이 현상에 매몰되지 않고, 한 단계 나 자신을 업그레이드 시킬 수 있는 방법이었다.

그 사실을 깨달은 순간, 나는 젊었을 적부터 나를 괴롭혀온 외모 콤플렉스에서 벗어날 수 있었다. 외모란 아름다울수록 좋다. 따라서 내 외모가 좋지 않다면, 그에 걸맞은 노력이 필요하다. 우리는 이 평범한 사실을 종종 잊고, 세상은 공평해야 한다고 어린아이처럼 투정을 부리고 있는 것인지도 모른다.

요즘은 그래도 외모를 보는 관점이 많이 변하고 있는 것 같아 다행이다 싶다. 물론 꽃미남, 조각미녀들이 여전히 세간의 관심을 받지만, 못생겼어도 개성 있는 외모 역시 주목을 받고 있지 않나?

외모는 생명력이 길지 못하다. 쉬운 예로 배우자가 될 사람을 처음 만났을 때는 외모를 가장 먼저 보고 호감 여부를 좌우하지만 결혼해 살다보면 어느새 외모는 다 어디로 가버리고 배우자의 인격이 외모의 자리를 차지하고 있지 않은가? 방송인 중에서도 처음 볼 때는 호감 가는 외모가 아니라 그리 주목받지 못하다가 오랫동안 방송에 얼굴을 보이면서 익숙해져 친근감이 우러나오는 이들이 있다. 그들을 볼 때마다 미추美醜가 필요충분조건은 아니라는 것을 쉽게 깨달을 수 있다.

나는 요즘 "자신의 얼굴에 책임을 지라."고 말한다.

"꼭 예쁜 사람만 방송에 나오고, 예쁜 사람만 방송에서 성공하느냐?"

답은 절대 아니다! 잘생기고 예쁜 사람이 주목을 끄는 것은 사실이다. 하지만 오래가지 못한다. 결국 누군가의 마음을 끄는 것은 그만이 풍기는 매력이다. 그가 걸어온 삶의 궤적에서 축적돼 저절로 풍겨지는 느낌들, 다양한 경험과 민감한 감수성, 좋은 성격, 예민한 감각, 지적인 능력, 호감 가는 목소리와 말투, 외모 등등의 총체적 이미지가 사람을 잡아끄는 것이다. 그렇기에 단순히 얼굴 생김새 하나에만 우리가 집중해서는 절대로 안 된다는 것, 너무나 평범한 진리지만 언제나 잊어서는 안 된다.

좌충우돌, 윤영미 만들기 프로젝트

여자라는 약점에 무릎 꿇지 말라

직장 여성이라면 누구나 한번쯤 유리천장이란 말을 들어보지 않았을까. 우리들 머리 위에 분명 존재하지만 말 그대로 유리처럼 투명하기에 평소에는 잘 느끼지 못하는, 있는 것 같기도 하고 없는 것 같기도 하다가 어느 순간 내 머리를 내리누르고 있는 유리천장이 있다.

유리천장을 생각할 때면 언젠가 읽었던 벼룩 이야기가 떠오른다. 들어본 사람도 있을지 모르겠다. 아무튼 벼룩은 높이뛰기의 천재라고 한다. 톡. 톡. 내 나이 또래의 사람들은 어릴 적 누구나 한 번씩은 본 징그러운 벼룩. 그런데 이 녀석들이 자기보다 약 8,000배를 뛸 수 있다나?

그 벼룩을 잡아 병 속에 넣어 뚜껑을 닫으면 재밌는 현상이 벌어진다. 처음에는 도망치기 위해 높이뛰기를 시도하지만 그 때마다 병뚜껑에 부딪친 끝에 결국 벼룩은 병 바닥에 납작 엎드리고 마는데, 중요한 것은 뚜껑을 열어 놓아도 예전처럼 높이 뛰지를 못한다는 것이다. 뛸 수 있는데도 머리 위에 뚜껑이 있다고 지레짐작해 '뛰어 봐야 소용없다.'고 자신의 한계를 결정짓는 슬픈 패배주의랄까.

벼룩 이야기를 들은 순간, 함께 비교하는 게 영 껄끄럽기는 하지만, 나는 길들여진 벼룩처럼 유리천장에 막혀 자신의 한계를 재단하는 직장 여성들이 많다는 것을 떠올린다.

오늘도 우리 여성들을 힘들게 하는 대표적인 유리천장 중의 하나가 바로 남녀 차별, 특히 성적 차별이다. 지금 이 순간에도 많은 직장 여성들이 남자 직원들과 부대끼며 많은 곤란을 겪고 있다. 얼마 전 여론조사에서도 과반수의 여성 직장인이 직장 내에서 성적인 모멸감으로 고통을 느낀 적이 있다는 결과를 본 적이 있다.

무려 24년 동안, 한 해도 쉬지 않고 직장 생활을 한 나 역시 내 머리 위에 가로놓여 있던 유리천장을 느낀 적이 왜 없을까? 한두 번이 아니라 손발을 다 써도 헤아리기가 힘들 정도다. 그 동안 별의별 일을 다 겪어봤다. 여성으로서 수치심을 느끼는 이런저런 소문에 휘둘린 적도 숱하다. 아나운서 초창기 시절, 호텔 커피숍에서 우연히 아는 남자와 만나 커피를 마신 다음날 출근했더니 "윤영미가 누구랑 호텔에서 나오는 것을 봤다."는 소문이 파다하게 난 적도 있었다. 하다못해 남자 동료와 같이 길을 걷는 모습을 보고는 연인처럼 다정하게 손을 잡고 걷고 있었다는 얼굴 모를 목격자의 목격담을 들은 적도 있었다.

한번은 직장 동료 선후배들과 회식을 하고 뒤풀이로 가라오케에서 음주가무를 즐긴 적이 있었다. 회사에서 그동안 쌓였던 스트레스를 이 기회에 맘껏 풀라며 멍석까지 깔아준 판에서 뒷줄에 앉아 얌전빼는 것은 죄악(?)이라는 생각에, 하다못해 남자 직원에게 노는 것도 지기 싫어 내가 좌중을 주도한 것은 당연지사였다. 그런데 황당한 일을 겪은 것은 그 다음날이었다. "역시 윤영미 씨야. 놀 때도 화끈하고, 일할 때도 화끈하잖아!" 라고 가라오케에서 비위를 맞추던 남자 직원들이 저희들끼리 "윤영미, 학창 시절에 꽤나 놀아 본 것 같아."라며 수군대는 것이 아닌가!

'이런 치사한 인간들, 할 말이 있으면 직접 하든지!'

하루아침에 안면 몰수하는 파렴치한 짓거리에 화가 머리끝까지 치밀어 올라 면전에 대서 삿대질을 하고 싶었지만, 그네들 말에 욱해봤자 나만 손해라는 생각에 꾹 참고 말았다.

'그래, 맘껏 떠들어라. 나는 내 스타일대로 살련다. 어제 내가 신나게 놀았으면 됐지, 뭐. 너희들 재밌게 해주려고 논 것

아니었거든!'

나는 속으로 분을 삭이며 나 자신을 위해서라도 찜찜한 기분을 털어내려고 노력했다.

솔직히 이런 상황에서 어떻게 행동하는 게 옳은지는 지금도 확신이 서질 않는다. 여성의 권익을 위한다면 당연히 참지 말고 그때그때 싸워 이겨야 했으리라. 물론 나도 24년 동안 '정말 이건 아니다.' 싶은 경우에는 불같이 싸웠다. 그러나 세상일이란 게 어디 내 뜻대로 살 수 있던가. 그럴 때마다 꼬박꼬박 싸웠다면, 지금쯤 내 몸과 마음은 상처투성이였을 거다.

그렇다면 이런 성적인 모멸감을 느낄 때 어떻게 해야 할까?

이 자리에서까지 여성의 권익을 위하여 싸워 이겨내야 한다는 식의 교과서적인 이야기는 굳이 꺼내고 싶지 않다. 아름답고, 멋지고, 가슴을 절절이 울리는 말일수록 하나마나한 공염불인 예가 많기에…… 그런 입에 발린 말들은 정작 행동으로 옮기기에는 너무 어려운 헛된 구호가 될 공산이 클 뿐이다.

누가 모르는가? 알면서도 행동하기 어렵기에 우리는 오늘도 고민하고 있지 않은가? 따라서 방법은 결국 자신만의 답을 찾는 수밖에 없다.

내가 터득한, 터득이라고 말을 붙이기도 어렵지만, 24년 나만의 직장 생활 노하우란 별것 아니다. 그냥 나는 남의 말에 신

좌충우돌, 윤영미 만들기 프로젝트

경을 꺼버린다. 남의 말은 사흘을 못 간다는 격언처럼 남의 말에 귀를 열었다가는 나만 손해라고 나는 생각한다. '내 비단결 같은 성격에 주름이 가고, 스트레스로 내 보송보송한 얼굴에 기미가 끼면 결국 내가 지는 거야.' 하고 나 자신을 다잡는다.

어떻게 보면 비겁한 행동일 수도 있다. 그렇게 얘기해도 할 수 없는 노릇이지만 다만 내가 하고 싶은 말은 이것이다.

| 나의 본성을 잘 판단하고 행동하라 |

내가 확고한 신념을 가진 남녀평등주의자가 아니라면, 성공의 의지보다는 오늘 하루 직장 생활의 의미가 더 큰 사람이라면, 굳이 싸울 필요는 없다. 아닌 말로 같은 여자지만, 별 생각 없이 직장 생활을 하는 여성들 정말 많다. 나쁘다는 소리가 결코 아니고, 다만 각자의 생각이나 가치관이 다름을 이야기하는 것이다. 세상에 1등이 되려고 아등바등 하는 사람들만 있으면 그곳은 전쟁터밖에 더 되겠나. 그럭저럭 중간에, 혹은 뒷줄에 조용히 서는 것을 바라는 이들도 분명 있다.

바로 이것이다. 내가 그 순간을 참지 못하는 성격이라면, 굳이 여성의 권익 신장 같은 구호를 붙일 필요 없이, 내 본연의 성격을 위해서 맞서 싸워야 한다. 그렇지 않다면 본연의 성격을 죽이는 일 아니겠는가. 그러나 만약 내가 직장 내에서 나 자신의 모멸감을 감내하면서도, 나 자신을 희생하면서도 어떻게든 성공하기를 원한다면? 그렇다면 참고 극복하는 수밖에 없다.

같은 날 함께 입사한 남자 동료가, 그것도 나보다 별로 잘난 것도 없어 보이는데, 나보다 진급이 빠를 때도 정말 견디기가 힘들지만 나는 오늘도 견디고 있다. 어제도 견뎌왔고, 내일도 견딜 것이다. 모든 직종에서 그렇지만, 방송계 역시 남자 아나운서들이 더 우대받는 것은 엄연한 현실이다. 같이 시작해도 어느새 호봉의 차이가 벌어진다. 그러나 이럴 때마다 일률적으로 남성 우월주의 사회에서 약자로 홀대받는 여성의 경우로 생각했다가는 내 머리만 아파질 뿐이다. 맞다. 좋게 말하면 현실적이랄까? 나는 내가 할 수 없는 부분에 대해서는 쉽게 포기한다.

그러나 이것이 패배주의라고는 생각하지 않는다. 나는 수긍하지만, 결코 좌절하지는 않기 때문이다. 나는 반대로 남자 직원들이 남자이기 때문에 쉽게 할 수 없는 방법을 사용하려고 노력한다. 여성으로서 남성을 이기고 극복하려고 노력하기보다는 내가 가진 여성으로서의 장점을 따져본다. 여성이라는 것은 단점이기도 하지만 장점인 경우도 분명 있지 않나? 그것은 바로 여성이라는 그 자체이다. 남성은 죽었다 깨어나도 획득할 수 없는 여성 말이다!

"회장님, 오늘 넥타이 잘 어울리시는데요."

일례로 나는 SBS 방송국의 회장님이나 사장님에게도 스스럼없이 아는 척을 하는데, 그렇게 자연스럽게 회장님, 사장님께 말을 거는 사람은 방송국에 아마 나밖에 없지 않을까 싶다. 재밌는 것은 로비에 회장님이라도 나타날라치면 남자 직원들은 경직돼 빳빳이 어깨에 힘을 주고 굳은 표정으로 서 있는데. 나 같은 경우는 미소 띤 얼굴로 먼저 말을 붙인다.

혹 어떤 이들은 아부하려고 친한 척 너스레를 떤다고 비아냥댈지도 모른다. 그러나 그것이 무슨 상관인가. 나는 특유의 친화력, 그것이 나만의 무기라고 생각한다. 딱딱한 직장 사회의 상하관계를 조금이나마 부드럽게 유화시킬 수 있다면, 그것도 힘인 것이다.

또한 회식 자리에서는 남자 직원들이 쉽게 말하지 못하는, 상사에 대한 불만이나 일에 대한 불만 같은 것들을 여성이라는 무기로 용기 있게 터놓고 이야기할 수도 있다. 물론 남자들의 무뚝뚝하고 공식적인 멘트가 아니라 보다 부드럽고 감성적인 말투로 말이다.

부정적인 마인드는 마이너스밖에 안 된다. 속상해하는 시간에 무시하고, 내가 가진 것 중에서 남들보다 뛰어난 것을 찾는 게 훨씬 이롭다. 이를테면 얼굴의 단점만을 생각하고 성형수술만 고집할 것이 아니라 내 얼굴의 장점은 무엇일까를 찾으며 그 예쁜 모습을 더 아름답게 가꾸는 것, 그게 바로 긍정적인 마인드의 출발이 아닐까 싶다. 무엇보다 나만의 본성을 깨닫고, 그에 맞게 대처하는 자세를 길러야 한다. 아무리 예쁜 옷이라도 나와 맞지 않는 옷이라면 그것은 예쁜 옷이 아니기 때문이다.

좌충우돌, 윤영미 만들기 프로젝트

{ 내가 하고 싶은 일들을 목록으로 적어 노력하자. 꼭 거창한 목표를 세울 필요도 없다. 꿈이란 늘 거창한 그 무엇이라는 착각 때문에 우리는 꿈에 과부하가 걸리는 경우가 정말 많다. 소소한 꿈도 소중한 꿈이다. 꿈의 목록을 만들어 하나씩 차근차근 도전하자. 그러지 않으면 인생에 시뻘건 녹이 슨다. }

유일무이,
나만의
브랜드
차별화 전략

여기는 SBS 개국 첫 방송 입니다

WONDERFUL | PASSION

PART 02 유일무이, 나만의 브랜드 차별화 전략

우리는 가끔 우리 가슴에서 식물이 자라는 것을 볼 때가 있다. 그 식물의 이름을 우리는 '소망', '열망' 혹은 '간절한 꿈'이라고 부른다. 그것은 모양도 크기도 제각각이다. 어떤 민감한 사람은 살갗을 뚫고 막 여린 순을 내민 한 포기 풀잎을 발견하기도 하고, 반면에 어떤 무딘 이는 몸에서 한여름 푸르고 무성한 한 그루 나무가 무럭무럭 자라나는 것을 모를 때도 있다.

어느 날 마치 묵은 이불을 털듯 어제까지 잘 다니던 회사를 그만두고 배낭 하나 메고 훌쩍 떠나는, 혹은 한 달에 수천만 원을 벌다 갑자기 시골로 가 농사를 짓는 이들을 우리는 종종 목격하곤 하는데, 주위 사람들은 이해할 수 없는 시선으로 바라보지만, 그들로서도 어쩔 수 없는 선택일는지도 모른다. 마음에서 돋아나 벌써 한 그루 나무가 돼 우뚝 선 꿈을 베어내고 뽑아버릴 수는 없을 테니까…….

바쁘면 바쁠수록 자신을 돌아보는 시간을 가지라는 뜻이 여기에 있지 않을까? 우리들 마음에도 미처 자신도 알지 못하는 열망의 싹이 움트고 있는지도 모른다. 지금 한번 조용히 가슴을 열어보라.

춘천 방송국에서 하루를 1년처럼 아나운서 생활을 한 지도 어느새 5년이 흐른 어느 날부터였다. 나는 내 몸에서 알 수 없는 어떤 식물이 자라고 있는 것을 보았다. 하루하루 그토록 꿈꾸던 아나운서 생활을 즐겁게 보내던 지난 5년이라는 시간이 갑자기 허공에 붕 뜬 듯 무기력해졌다. 왜 이러지? 알 수 없는 일이었다. 그렇게 몇 날 며칠을 곰곰이 나 자신을 들여다본 끝에 나는 알았다. 그것은 새로운 열망이었다. 아나운서란 직업에 숙련된 10년, 20년차의 베테랑 선배들이 들으면 웃을 일이지만, 어느 정도 자신감이 붙어 그랬을까? 내 가슴속에서 새로운 열망이 서서히 싹을 틔우고 있었다.

'언제까지 이곳에 있을 거지? 여기에서 죽을 때까지 머물 거야?'

하루가 멀다 하고 마음속에서 열망의 목소리가 용솟음쳤다.

유일무이, 나만의 브랜드 차별화 전략

이제 그만 이곳에서 벗어나고 싶다는 욕망이 기지개를 켰다.

그렇다고 마땅한 방법이 있는 것도 아니었다. 흔히들 같은 회사니만큼 서울의 방송국 본사와 지방 방송국 사이에 인적, 물적으로 교류가 활발할 거라 생각하지만, 방송국은 적어도 인적 교류는 구조적으로 거의 불가능하다. 가장 큰 원인은 지방 방송국 인원은 지방 방송국에서 자체 조달하기 때문이다. 즉, 이러저러한 이유로 서울 본사에서 지방 분사로 자리를 옮기는 경우는 있어도, 지방 방송국에서 아무리 날고 기는 인재라도 서울 본사로 진급해 올라가는 경우는 거의 없다.

나 역시 서울 본사나, 하물며 다른 방송국으로 자리를 옮기는 것은 언감생심 꿈도 못 꿀 일이었다. 그렇다고 5년을 발바닥에 땀띠가 나도록 열심히 뛰며 배운 아나운서 생활을 접고 다른 일을 할 생각은 전혀 없었다.

'어쩔 수 없잖아. 포기하고 다시 열심히 살자. 응?'

나는 스스로를 위로하려 애썼다. 힘겨울 때마다 잡초를 뽑듯 열망의 싹을 잘라냈다. 하지만 허사였다. 잘라내고 다짐해도 이미 몸속에는 뿌리가 무성했다. 아무리 잘라내도 돌아서면 어느새 내 몸에는 싹이 돋아나 있었다. 힘든 나날의 연속이었다.

그러던 어느 날 뜻밖의 소식이 들려왔다. 방송법이 바뀌어 대한민국 최초로 민영방송이 탄생한다는 소식이었다. 그리고 새롭게 만들어지는 SBS라는 방송국에서 대규모 인력채용을 계획하고 있다지 않은가!

'이거야. 내가 도전할 대상이 바로 이거야!'

하루하루 가슴에 돋아나던 뿌리를 뽑던 나는 드디어 꽃망울을 피우고, 꽃씨가 되어 훨훨 날아갈 수 있는 방법을 찾을 수 있었다. 나는 소식을 듣자마자 SBS 방송국의 '경력 아나운서 지원 공고'에 이력서를 제출하고 하루하루 맘을 졸이며 기다렸다. 이제까지의 생활에서 벗어나 새로운 꿈을 찾던 나로서는 절호의 기회였다. 그렇게 며칠이 흘렀을까. 전화 한 통이 걸려왔다.

"윤영미 아나운서시죠?"

낯선 남자의 사무적인 말을 듣는 순간, 나는 그토록 기다리고 기다리던 전화가 왔음을 직감했다.

"네, 네!"

잘게 떨리는 목소리로 대답하던 내 머릿속에는 온갖 생각이 들끓었다.

'붙었으니까 전화를 걸었겠지? 아니야, 위로의 전화일 수도 있어. 제발 그런 친절은 사양하고 싶은데……'

그때 수화기 너머의 목소리가 내게 말했다.

"축하드립니다. 저희 SBS 방송 경력사원에 특채되셨습니다."

나는 전화를 끊고도 한참을 말없이 서 있었다. 가슴속에서 내 열망의 씨앗이 비로소 싹을 틔우는 소리가 들렸다.

SBS 방송국에 당당히 경력사원으로 입사한 내 행운은 거기서 끝이 아니었다. 잘나가던 서울 MBC, KBS 출신의 아나운서들이 우르르 입사한 SBS 아나운서실의 영광스런 첫 임무, 바로 첫 개국을 알리는 방송에 내가 선택된 것이었다.

"여기는 대한민국 수도 서울 SBS 방송국입니다……."

간부급이 아닌 평사원 개국요원으로 입사한 나는 그렇게 손석기 아나운서와 함께 개국 첫 방송이라는 역사적인 문을 열었다.

| 늦었다고? 우리는 지금도 늦지 않았다 |

1860년 뉴욕 주 북부의 작은 농촌에서 태어난 그녀는 10명의 형제들과 함께 자란 평범한 소녀였다. 남다른 것이 있었다면 아버지처럼 그림을 좋아했다는 것 정도였다. 하지만 그녀는 12살 어린 나이에 부모 곁을 떠나 농가의 가정부로 일해야 했다. 27살이 되던 해에는 한 농부의 아내가 되었다. 이후로 그녀는 10명의 아이를 차례로 낳아 길렀다.

그녀가 자신만의 시간을 가질 수 있게 된 것은 남편이 세상을 떠나고 아들이 농장을 맡은 67살부터였다. 그때부터 그녀는 예쁜 그림을 보면 그 모양대로 자수를 놓기 시작했다. 하지만 나이와 함께 찾아온 관절염 탓에 그마저도 불가능하게 됐

SBS 아나운서 윤영미의 열정

다. 그녀는 대신 그림을 그리기 시작했다. 그저 그림이 좋아서 그리고 또 그렸다. 그러던 어느 날 한 예술품 수집가가 그녀의 작품을 주목하게 되었고, 개인전을 마련해주었다. 그때 그녀의 나이가 81살이었다.

농촌의 소박한 모습을 담아 과거에 대한 향수를 불러일으키는 그녀의 작품들은 머지않아 미국 전역에서 큰 인기를 끌었다. 그녀는 101살의 나이로 세상을 떠날 때까지 누구보다 왕성하게 활동하며 총 1,600여 점의 작품을 그렸다.

미국의 대표적인 민속화가로 꼽히는 그녀가 바로, 본명보다 별명으로 잘 알려진 '모세스 할머니Grandma Moses'이다.

우리는 늦지 않았다. 단지 우리의 생각이 늙었을 뿐이다. 지금이라도 늦지 않았다. 내 가슴속에서 움트고 있는 작은 식물이 있지 않나 찬찬히 한번 살펴보자.

유일무이, 나만의 브랜드 차별화 전략

여자 나이 서른둘의 결심

WONDERFUL | PASSION

남자들도 마찬가지겠지만, 여자는 서른을 전후해 고민이 정말 많아진다. 특히, 아직 결혼을 하지 않은 채 직장 생활에 매진하는 여자들은 대부분 5~6년차이니만큼 직장 내의 위치에 대해 고민이 커질 수밖에 없는데, 그야말로 막막하고 갑갑한 미래에 하루하루가 불안의 연속이다. 이대로 준비 없이 살다가는 장밋빛 미래는 고사하고 당장 내일 아침 어떻게 될지 모르기 때문이다.

'집안 좋은 남자랑 결혼이나 할까? 힘든 직장 생활 때려치우고 백조처럼 우아하게 살 수 있을 텐데…….'

하루에도 몇 번씩 드는 나약한 생각에 머리가 지끈거릴 때도 많다. 포기하고 싶은 마음도 들지만, 이대로 포기하기에는 지난 노력이 너무 아깝기도 하고…….

떨리는 심장을 부여잡고 첫 방송을 끝낸 직후부터 나는 방송국의 관심 1순위로 떠올랐다. 서울의 타 방송국 본사에서 스카우트한 이름 있는 아나운서도 아닌, 지방 방송 출신 아나운서가 개국 방송을 했으니 궁금증을 불러일으킬 수밖에 없었다. 가는 곳곳 사람들은 나를 호기심 어린 눈으로 쳐다보았다. 누구는 부러운 시선으로, 누구는 질투의 눈빛으로. 회사 내에서 시선을 한 몸에 받게 된 내 어깨에는 자연히 힘이 잔뜩 들어가게 됐다. 그러나 아름다운 마차가 호박마차로 변하는 것은 순식간이었다. 첫 개국 방송을 맡는 영광에 나는 큰 착각을 하고 말았다. 나는 내가 신데렐라가 된 줄 알았다. 드디어 유리구두를 신고 멋진 왕자님과 아름다운 성에서 행복하게 살 수 있게 된 줄 알았다.

나는 첫 방송 뒤 곧바로 엄청난 각광을 받을 것으로 기대했지만 내 섣부른 기대가 깨지는 것은 얼마 걸리지 않았다. 나는 말 그대로 시골 출신 어중간한 나이의 아나운서, 그 이상도 이하도 아니었다. 마차는 호박으로 변했고, 드레스는 다시 누더기 옷이 되고 말았다.

방송국에 스카우트된 직원들은 차츰차츰 출신 학교끼리, 전에 다니던 직장끼리 자연스럽게 패를 지어 어울리기 시작했다. 하지만 그들을 탓할 수도 없는 노릇이었다. 팔은 안으로 굽지, 밖으로는 굽지 않으니. 알다시피 나는 아무도 없는 외톨이였다. 살갑게 흉금을 털어놓을 선후배가 단 한 명도 없었다. 시켜만 준다면 정말 열심히 할 수 있었지만, 이끌어줄 수 있는 사람이 아무도 없었다. 자연스럽게, 정말 자연스럽게 나는 뒤로 밀리기 시작했다. 그리고 얼마 지나지 않아, 나는 아무도 하고 싶지 않아 하는 힘든 현장 생방송만 하고 있는 나 자신을 발견할 수 있었다.

추락하는 것은 날개가 없다고 했던가? 나는 SBS 방송국의 개국 방송을 한 뒤 2년을 텔레비전에 얼굴 한 번 비추지 못하고 라디오 방송으로만 떠돌았다. 라디오 방송을 무시하는 게 아니었다. 춘천에서 라디오 방송을 할 때는 정말 행복해했던 나였다. 그러나 라디오 방송만을 하려고 새 직장을 잡은 게 아니지 않은가. 지난날 열과 성을 다해 즐겁게 일하던 것과는 느낌부터 다를 수밖에 없었다.

'내가 지금 여기서 뭘 하고 있는 거지?'

하루하루 내가 앉아 있는 자리조차 한없이 낯설기만 했다. 고백하자면, 괜히 정든 춘천 MBC를 그만둔 것은 아닌지 후회가 들기도 했다. 그러나 하루하루 고민 속에 빠져 살아도 해답은 그 어디에서도 나오지 않았다.

| 길이 끝나는 곳에서 다른 길이 시작된다 |

지금도 그때를 떠올리면 버릇처럼 깊은 한숨부터 나온다. 그만큼 뼈에 사무치게 힘들었던 시기였다. 아무도 나를 알아주지 않았고, 결혼은커녕 연애할 남자도 없었고, 학벌이 좋은 것도 아니고, 도무지 내세울 거라곤 하나도 없었고, 잘나가는 직장 선배 라인도 없었고……. 1993년, 내 나이 서른둘. 길이 안 보였다. 길은 고사하고 눈앞에 까마득한 절벽이 가로막고 있는 것만 같았다. 우울한 나날의 연속이었다. 요즘이야 나이 서른둘에 노처녀라는 딱지를 붙였다가는 세상 물정 모른다고 한 소리 듣겠지만, 당시에는 어디 그런가. 나는 명실상부한 자타공인 노처녀였다. 그렇다고 내 일에서 성공한 골드미스도 아니었다.

'내가 과연 치열한 방송계에서 끝까지 살아남을 수 있을까? 만일 혼자 살게 되면 방송을 해서 먹고살아야 할 텐데……. 젊고 예쁜 후배들은 치고 올라오는데, 내일도 내가 설 자리가 있을까?'

현실에서 도망친다고 일이 해결되는 것은 아니었다. 결국 방법은 하나밖에 없었다. 내가 서 있는 현실을 있는 그대로 바라보고, 그 지점에서 해결 방안을 찾아야만 했다.

어느 날 나는 거울 속에 비친 내 자신을 보았다. 거울 속에는 어떤 자리에 갖다놓아도 좌중을 휘어잡던 깡다구 소녀 대신 한없이 초라한 어깨로 서 있는 낯선 처녀가 있었다. 어깨가 부들

유일무이, 나만의 브랜드 차별화 전략

부들 떨렸다.

'왜 이러고 있지? 뭐야, 네가 고작 이것밖에 안 되는 사람이었어?'

나는 힘들다고 한없이 움츠리기보다 깨지더라도 반항하는 인간이었다. 언제부터 내가 이렇게 나약한 인간이 됐는지 알다가도 모를 일이었다. 나는 주먹을 쥐고 생각했다. 지금 이 힘든 시기가, 내 인생이 이전보다 한 단계 올라갈 수 있는 '변화의 시기'라고 주문을 외웠다. 발전을 위해서는 고통이 따른다는 삶의 진리를 되새겼다.

'내가 이렇게 힘든 것은, 하나님이 내게 큰 축복을 주기 위한 과정으로 시련과 고통을 주셨기 때문인 거야. 내가 이 순간을 잘 극복하면 이전의 나보다 더 멋진 윤영미로 거듭날 수 있을 게 틀림없어!'

나는 포기의 순간, 극복을 택했다. 따라서 이제까지의 타성에서 벗어나 새로운 눈으로 계획을 짜야 했다.

대한민국 최초의 프로야구 캐스터

WONDERFUL PASSION

나는 나만이 할 수 있는 방송을 찾았다. 물론 현실이 호락호락할 리 없었다. 소위 노른자위라고 불리는 인기 방송은 언감생심 꿈도 못 꿀 일이니 다른 아나운서들이 신경 쓰지 않는 분야를 찾아야 했다. 그런데 당시만 해도 아나운서가 텔레비전에 얼굴을 비출 수 있는 곳은 얼마 되지 않았다.

'아나운서만 할 수 있는 방송, 윤영미만이 할 수 있는 방송은 무엇이 있을까?'

곰곰이 따져보았지만 거의 모든 분야를 연예인이 독점하고 있는 실정이었다. 아나운서 고유의 영역이라고 해봤자 뉴스와 스포츠 중계뿐이었는데, 뉴스는 아나운서가 매일 하는 분야였고, 스포츠 중계 또한 남자 아나운서의 전유물이나 마찬가지였다. 기껏 여자 아나운서는 볼링이나 에어로빅, 피겨 스케이팅으로 한정되어 있는 현실이었다. 도무지 답이 없는 듯 보였다. 그러나 나는 '나' 아니면 안 되는, 그리고 좀 더 획기적인, 장기적인 방송을 찾아야만 했다. 그 길만이 내가 살 길이었다.

고민은 하루하루 깊어만 갔다. 15년 전이나 2009년 현재나 대한민국에서 솔로 여성 직장인으로 살아남는다는 것은 절벽을 오르는 일이다. 새파랗게 젊은, 그것도 예쁘고 능력 출중한 후배들이 치받아 올라오고, 같이 입사한 남자 동료들은 고속승진하고, 위에서는 내리누르고……. 한 발자국만 삐끗하면 낭떠러지로 떨어질 것만 같은, 순간순간이 살얼음판의 연속이다.

'어차피 절벽이고 살얼음판이면, 그들과 같은 길을 걸어가는 것은 의미가 없어. 그래, 다른 길을 가는 거야. 다른 여자 아나운서들이 한 번도 해본 적 없는 분야에 도전하는 거야.'

나는 마침내 여자 아나운서가 한 번도 도전한 적 없는 스포츠 중계에 내 모든 것을 걸기로 결심했다. 고민해본 결과 스포츠 중계만이 연예인들에게 침범당하지 않은 유일한 분야였고, 또 여자 아나운서가 도전해보지 않은 스포츠 분야를 찾아 중계할 수만 있다면 그보다 좋은 선택은 없을 듯했다.

이왕 결심한 것, 화제가 될 수 있는 인기 종목을 선택해야 함은 당연지사. 그런데 인기 종목이라면 농구, 야구, 축구 외에 아무 종목도 없었다. 게다가 당시 프로축구는 고정 중계가 거의 없고, 월드컵이나 한일전 등 굵직한 경기만 중계가 편성되다 보니 중계할 기회조차 없었다. 또한 축구팬들이 워낙 보수적이라 여자 아나운서가 중계를 하기에는 벽이 너무 두터웠다. 농구 역시 프로리그도 없었고 지금처럼 인기 종목도 아니어서 중계가 많지는 않았다.

그래서 내가 결정한 것이 바로 야구였다. 야구는 4월에서 10월까지 1년의 반을 중계하는데다가 당시 최고의 인기 스포츠였기에 일주일에 무려 사흘을 중계하고 있었다. 아무래도 중계가 많다는 것은 그만큼 기회가 많다는 소리였고, 기회가 많아야 내게도 기회가 돌아올 가능성이 높다는 얘기가 된다.

'그래, 야구 캐스터에 도전해보자! 만약 내가 할 수 있다면, 대한민국 방송 최초의 프로야구 여성 캐스터가 되는 거야!'

결심을 굳힌 나는 일단 1년 동안 프로야구 리포터로 자원해 관중 인터뷰, 선수 인터뷰를 하며 경기장을 드나들었다. 생판 모르던 '야구'에 대한 본격적인 도전이었다. 우선 스포츠 신문의 야구 면 기사를 공부하기 시작했는데, 모르는 용어가 대부분이라 도무지 이해할 수가 없었다. 프로야구 캐스터를 결심했지만, 정작 투수가 뭔지, 포수가 뭔지, 안타가 뭔지도 모르는 문외한이었으니 오죽했겠는가. 지금 생각하면 아무것도 모르면서 어떻게 그런 용기를 낼 수 있었는지 이해가 안 간다. 무식

하면 용감하다는 말이 맞기는 맞나 보다.

나는 수학책보다 어려운 신문의 야구 면을 보며 모르는 용어를 차근차근 정리해나갔다. 창피한 얘기지만 '투수는 공 던지는 사람', '포수는 공 받는 사람'이란 용어부터 정리했다. 야구규정집도 만화로 쉽게 설명된 것을 구입해 책이 나들나들해질 정도로 들여다보았다. 그렇게 기본부터 익혀나가며 나는 하나의 원칙을 정했다. 1년 동안 신문은 야구 면만, 책도 야구 관련 책만, 비디오도 야구 중계 테이프만 보고, 차에서도 야구 중계 테이프만 듣겠다는 원칙이었다.

그뿐만이 아니었다. 새벽 5시에 출근해 6시 라디오 뉴스를 하고, 내가 맡은 방송 녹화를 끝내고는 곧장 잠실야구장으로 향했다. 밤 10시가 넘어 집으로 돌아오면 피곤에 절어 녹초가 됐지만, 자기 전에 또 야구 중계 테이프를 2시간쯤 보고 잤다. 코피가 툭하면 터질 정도로 몸을 혹사했지만, 포기하지 않았다. 무서운 집념과 노력으로 하루하루를 버텼다. 다시 하라면 절대 할 수 없는, 내 능력의 200퍼센트를 뽑아냈다. 그래서일까? 돌이켜보면 세상에서 가장 힘든 시기인 만큼, 가장 기억에 남는 시기이기도 하다.

그러던 어느 날부터 야구의 '야'자도 모르던 내 눈에 선수들이 공을 왜 치고 어디로 뛰어가는지, 조금씩 보이기 시작했다. 멀리서 선수들의 뒷모습만 봐도 누가 누군지 금방 파악할 수 있을 정도로 지독하게 경기장에 드나들었고, 구단 관계자, 감독, 선수들과도 점차 친하게 지내게 됐다. 그 과정에서 재밌는 에피소드도 참 많았다.

"처음 뵙겠습니다. ……그런데 성함이 어떻게 되시죠?"

리포터를 한 지 얼마 안 됐을 때는, 당시 우리나라 최고의 투수로 이름을 날렸던 최동원 투수를 몰라봐 그의 콧대 높은 자존심을 왕창 뭉갠 적도 있었다. 그러나 어디 재미난 일만 있었겠는가.

"에이, 재수 없게!"

이름을 밝힐 수는 없지만 어떤 감독은 경기 전에 여자가 운동장에 드나든다며 불쾌감을 표시하기도 했다. 나는 그럴 때마다 힘이 쭉 빠졌지만, 그럴수록 보란 듯이 운동장을 누비며 당당하게 말했다.

"양 팀에 다 들락거리는데, 감독님 팀만 재수 없지는 않을 거잖아요?"

여자라고 무시했던 감독은 얼마 뒤 다른 사람의 입을 통해 내게 사과의 뜻을 전해왔다. 그리고 무엇보다 '빨간 장갑의 마술사'로 지금도 세인의 가슴속에 남아 있는 고故 김동엽 감독님 이야기를 빼놓을 수가 없다.

"윤영미 아나운서가 캐스터가 되면, 아마도 세계 최초의 여자 프로야구 캐스터가 될 거야. 미국에서도 이런 경우는 없었지."

감독님은 내 무모한 용기가 무모한 도전에서 끝나지 않게

유일무이, 나만의 브랜드 차별화 전략

항상 용기를 북돋워주셨다. 심지어는 그 당시 메이저리그에 진출한 박찬호 선수와 비교하며 그에 못지않은 대대적 사건이라며 나를 무척 자랑스럽게 여겼다. 훗날 드디어 캐스터로서 중계를 할 때도 왕 초보 티를 팍팍 내며 어리석은 질문을 하면 "아! 그렇게 생각할 수도 있지만……"이라며 부드럽게 다른 방향으로 말을 이끌어주시곤 했다. 엉망진창으로 중계를 끝내 시무룩한 나를 데리고 꼭 고깃집에 가서 질 좋은 생고기와 곱창을 푸짐하게 사주시던, 성품이 유별나 어딜 가나 큰 소리를 치고 쇼맨십이 강했던 김 감독님! 언제나 흰색 양복에 백구두를 즐겨 신고 머리를 박박 밀고 다니셨던, 그러나 야구계의 기인으로서 큰 덩치답지 않게 혼자 너무도 쓸쓸하게 임종을 맞아 지금도 생각하면 얼마나 가슴이 아픈지 모른다.

아무튼 그때 머리 싸매고 야구 공부를 하던 나에게 동료 아

1994년 잠실야구장에서 최동원 해설위원과 함께.

SBS 아나운서 윤영미의 열정

나운서들은 혀를 내둘렀다. 아무도 인정해주지 않던 여자 야구 캐스터 지망생! 그 무모한 도전을 많은 동료들은 이루어질 수 없는 꿈이라며 가당치 않게 여겼다.

"지성이면 감천이라는데, 열심히 한번 해봐요."

딱 한 명, 지금은 프리랜서로서 방송을 하고 있는 최선규 아나운서만이 나를 격려해주었다. 그처럼 노력만큼 주위에서 인정을 받지 못했지만, 나는 차근차근 '대한민국 최초의 여자 프로야구 캐스터'라는 전무후무한 기록을 향해 한 발 한 발 나아갔다.

| 블루오션은 바로 내 옆에 있다 |

블루오션, 레드오션이라는 말이 참 많이 회자되는 세상이다. 그만큼 갈수록 경쟁이 치열해지는 사회라는 방증이리라.

나는 젊은 여자 후배들을 볼 때마다 이 블루오션, 레드오션을 떠올린다. 그만큼 갑갑한 기분을 느끼기 때문인데, 후배들이 남들이 다 바라는 좋은 자리에만 관심을 둘 때 특히 그렇다. 황금 시청률 시간대에 편성된 인기 있는 프로그램의 메인 아나운서는 누구나 꿈꾸는 자리이다. 지금의 나도 하라고만 하면 얼씨구나 좋다 하고 자리를 차지하겠지만 그러나 그런 자리는 당연히 경쟁률이 높을 수밖에 없다. 경쟁률이 높다는 건 그만

유일무이, 나만의 브랜드 차별화 전략

큼 떨어질 확률이 높다는 말도 된다. 그런데 다들 메인을 못 잡아 안달인데, 물론 메인을 꿈꾸는 것은 아나운서의 숙명과도 같지만 그러나 어차피 몇 명만 꿰찰 레드오션이라면, 생각을 바꿔 블루오션을 찾아야 하지 않을까? 그런데도 후배들은 여전히 목을 빼고 레드오션만 바라보고 있다. 지금 자신이 서 있는 자리가 블루오션이란 생각은 못하고……

24년 동안 직장 생활을 하며 느낀 진리 한 가지. 내가 서 있는 자리가 어떤 자리든 그 자리가 블루오션이라고 마음을 돌린 순간, 노다지를 발견할 수 있다는 것!

멀리 찾지 말아야 한다. 가까운 데서도 못 찾는데 멀리 있는 것을 어떻게 찾는단 말인가? 지금 내가 서 있는 자리를 돌아보자. 미처 보지 못한 장점이 보인다. 그 장점을 붙잡아 노력하면 반드시 성공하리라 나는 확신한다. 'Bloom where you are planted it now!' 라는 말처럼 지금 있는 자리에서 꽃을 피우면 반드시 성공으로 가는 길이 열린다는 말. 내 가슴속에 언제나 담아두고 있는 격언이다.

언제나 엉성한 첫 발걸음

WONDERFUL | PASSION

땀으로 얼룩진 1년이 지나고 이듬해 초, 드디어 시범경기가 열리게 되었다. 지금은 국회의원이 된 당시 아나운서 팀장이었던 이계진 국장님이 1년 동안의 공부와 현장 경험으로 중무장(?)한 나를 호출했다. 대전에 내려가 시범경기를 보며 중계를 녹음해 오라는 지시였다.

나는 들뜬 마음으로 대전 구장을 향해 달려갔다. 당장이라도 꽉 들어찬 관중의 떠나갈 듯 요란한 함성소리 앞에서도 당당히 중계를 할 수 있을 것만 같은 기분이었다. 그러나 3월 초, 아직 쌀쌀한 날씨의 대전 구장은 텅텅 비어 있었다. 시범경기니 관중이 들어올 리 없었다. 나는 혼자 텅 빈 외야 한구석에 자리를 잡아 선수들의 시범경기를 녹음하기 시작했는데, "네, 타석에는 4번 타자 장종훈 선수가 들어왔습니다. 이번 전지훈련에서……. 안타~~ 아, 안타가 아닌가요? 1루에서 2루 돌아…… 저, 뭐지? 이게…… 어떻게 된 상황이야?"

자신만만하던 호기는 온데간데없이 사라지고 쥐구멍이라도 있으면 찾아들어갈 듯 금세 얼굴이 달아올랐다. 중계는 엉망진창이었다. 관중도 없는 운동장에서 혼자 소리소리 지르며 마이크를 붙잡고 녹음하는 민망함은 둘째 문제였다. 낯선 사람이 '저 여자 미친 것 아냐?' 하는 표정으로 힐끗 쳐다보며 지나가도, 중계를 제대로 못했다는 것에 비하면 아무것도 아니었다.

'내가 고작 이것밖에 안 됐는가?'

지난 1년 동안의 고생이 한순간에 물거품처럼 느껴질 정도로 최악이었다.

그래도 시간은 간다고 했던가? 1회, 2회…… 마지막 9회가 눈 깜짝할 사이에 끝났다. 돌아오는 기차 안에서 녹음된 테이프를 틀었다. 쓰레기통에 버려버리고 싶었지만, 팀장님께 제출해야만 했기에 그럴 수도 없었다. 관중들의 함성도, 해설자도 없이 혼자 "안타~ 안탑니다!"라고 외치는 것은 애교였다. 경기가 복잡하게 진행될 때는 어쩔 줄 모르고 말더듬이처럼 더듬다가 녹음을 갑자기 멈춘 적도 숱했다. 빵점짜리 녹음테이프를 팀장님께 어떻게 들려주어야 할지 눈앞이 캄캄했다.

“잘할 수 있겠지?” 하고 물으시며 차비하고 밥 사먹으라고 10만 원 수표를 쥐어주시던 팀장님의 눈빛이 떠올랐다. 무슨 낯으로 테이프를 드려야 하나! 나는 그 동안의 노력이 수포로 돌아가는 것 같아 결국 열차 안에서 숨죽여 울고 말았다. 눈물범벅이 돼 서울역에 내린 나는 방송국으로 향할 수가 없었다. 도무지 발길이 떨어지지 않았다. 결국에는 내가 다니던 교회를 찾아 서러움에 목 놓아 울며 ‘왜 내게 이런 어려운 일을 하라고 허락하셨느냐.’며 답답한 심정으로 기도하고 말았다.

나는 야구 캐스터가 되는 순간, 어리석게도 세상이 내 것이 될 줄만 알았다. 세상 사람들이 나를 인정해주고, 모든 시선이 나를 향할 줄로 착각했었다. 첫 발을 내딛은 순간 꿈이 이뤄질 줄 알았던 것이다.

어리석었지만, 그 정도로 절박한 마음이었다. 내가 선택한 일, 1년이 넘게 집념을 갖고 노력해왔던 나의 꿈! 체중이 9킬로그램이나 빠져 현기증이 나고 코피를 흘려도 전력을 다해 죽기 살기로 매달렸던 나의 목표! 내 인생에 있어서 당시는 오로지 ‘야구’밖에 없었다. 될지 안 될지도 모르는 야구 캐스터에 목숨 건 1년……. 기대가 크면 실망도 큰 법이라는 것을 절감할 수밖에 없었다.

“첫 발은 언제나 엉성한 법이야. 정말 우스꽝스럽지.”

그때 누군가 내게 말을 걸었다. 눈물이 가득한 눈시울 속에 누군가 기우뚱기우뚱 우스꽝스런 걸음걸이로 걷고 있었다. 우습게도 그는 무중력 상태에서 마치 춤을 추듯 기우뚱기우뚱 달에 첫 발자국을 떼고 있는 닐 암스트롱이었다! 아니, 그는 어느새 어린아이로 돌변했다. 엉금엉금 기다가 마침내 넘어질 듯 말 듯 위태롭게 첫 발을 떼는 아이였다. 그가 한 발 한 발 조심스럽게 걸으며 내게 말했다.

"작은 한 걸음에 불과하지만, 인류에게는 대단한 도약이야."

나는 그제야 내 섣부른 기대와 욕심을, 그리고 어리석음을 깨달을 수 있었다.

'윤영미, 첫술에 배부를 생각을 하다니. 넌 정말 바보야!'

| 100%가 아니라 1%의 가능성에 매달려라 |

나는 마음을 추스르고 방송국으로 향했다.

중계 테이프는 엉망이었다. 그러나 나는 테이프를 주저 없이 팀장님께 내밀었다. 내게 한창 현장에서 뛰고 있는 베테랑 캐스터들의 중계를 요구한 것은 아닐 터였다. 한 발 한 발 위태롭더라도 포기하지 않고 9회를 채운 내 눈물 젖은 테이프를 원하셨던 것일지도 몰랐다. 나는 그렇게 믿고 싶었다.

아니나 다를까. 테이프를 들은 팀장님이 내 어깨를 토닥이고는 간부회의를 소집했다. 그러고는 일말의 가능성에 무게를 두고 내게 모의 현장 중계를 할 수 있는 기회를 주셨다.

그렇게 오디션을 준비하는 며칠, 한밤중에 100미터를 전력 질주한 듯 숨이 차오르고 호흡이 안 돼 벌떡 일어나기를 반복할 정도로 극심한 스트레스에 시달렸다. 한의원에 갔더니 '화병'이라는 진단을 받았다. 정말 심장이 멎어버릴 것 같다는 표현이 딱 실감날 정도로 긴장감의 연속이었다.

며칠 뒤 시사실에 10여 명의 간부들이 모였다. 곧바로 대형 모니터에서 소리를 완전히 죽인 야구 경기 화면이 나오기 시작했다. 숨 막히는 적막과 긴장감. 야구장의 함성과 해설자의 목소리가 어우러져도 될까 말까한 상황에서 나 혼자, 그것도 어려운 간부들 앞에서 내 목소리만 그 지독히도 냉랭한 분위기 속에 째지듯 울려 퍼졌다. 내가 지금 무엇을 하고 있는지 정신을 차릴 수 없을 지경이었다. 당장 야구고 뭐고 딱 그만두고 뛰쳐나가고 싶었다. 하지만 이를 악물고 버텨 오디션을 무사히 끝낼 수 있었다. 곧바로 결과가 나왔다.

'잘은 못하지만 가능성은 있다.'

나는 그렇게 대한민국 최초의 여자 프로야구 캐스터가 될 수 있었다. 한 부족한 아나운서의 꿈을 무시하지 않고 보잘것없는 가능성을 높이 산 국장님이 안 계셨더라면 여자 야구 캐스터, 윤영미의 탄생은 없었다. 내게는 평생 감사해야 하는 고마운

유일무이, 나만의 브랜드 차별화 전략

분. 그러나 아직까지도 제대로 감사 인사 한 번 못 드렸는데, 그 래도 못난 후배를 늘 염려해주시고 관심을 가져주신다. 나는 알고 있었다. 많이 미숙했지만, 내 열정을 믿어줬다는 것을.

1%의 가능성에 도전하는 사람들이 있다. 무모하다고 세상이 비웃는다. 흥미로운 것은 그 다음이다. 1%의 가능성에 도전해 성공한 사람들이 나머지 99%를 어떻게 채우는지 아는가? 1%의 영감에 99%의 노력이라는 유명한 말처럼, 오리지널 나 혼자만의 노력으로 나머지 99%를 채우는 것일까?

나는 아니라고 확신한다. 1%의 가능성에 처음 도전할 때는 비웃음을 받을 수 있다. 그러나 2%, 3%…… 27%…… 포기하지 않고 노력하면 어느새 내 주위에 사람들이 하나둘 찾아온다. 힘든 내 어깨를 주물러주고, 옆에서 시원한 물 한 사발을 건네기도 하고, 하다못해 고통을 잠시 잊을 수 있는 응원가를 불러주기도 한다. 아니면 포기하고 싶은 마음이 드는 순간, 무뎌지던 오기에 날을 세워주는 독설가로 등장하기도 한다.

세상에 나 혼자만의 힘으로 무언가를 이룰 수 있는 일은 없다. 세상은 나와 너, 우리가 실타래처럼 엮여 함께하는 공간이다. 내가 긍정의 힘으로 한 발 한 발 나아갈 때, 세상은 나를 도와준다. 가능성이 적다고 불평할 필요가 없다. 가능성이 적은 일에 도전할 때, 그때 오히려 우리는 진정한 보물과도 같은 사람들을 만날 수 있다.

넘어지고 무르팍이 깨져도 뛰어라

WONDERFUL PASSION

1994년 4월, 프로야구 개막전.

오디션을 통과한 지 며칠이 되지도 않았지만, 나는 개막전부터 곧바로 현장에 투입됐다. 환호를 지를 새도 없이 발등에 불이 떨어진 셈이었다.

내 첫 촬영지는 광주. 경기 전날 미리 내려가 스태프들과 감자탕에 떡갈비를 먹는데 신경이 곤두서 도무지 밥이 넘어가질 않았다. 경기 당일 아침에도 다음날 스포츠신문에 '최초의 여자 프로야구 캐스터'라는 제목으로 얼굴이 대문짝만 하게 실릴 것임을 알았음에도 긴장 탓에 화장조차 할 여유가 없었다. 결국 대충 머리를 질끈 동여매고는 화장기 없는 얼굴로 중계를 했다. 또, 생전 처음 쓴 야구모자는 얼마나 어설프기 짝이 없던 지. 협찬받은 새마을 점퍼 같은 윗도리는 어디서 얻어 입은 것 처럼 볼품없었다. 아무튼 마침내 해태와 한화의 개막전 4회 초에 타석에 앉았다.

아아, 그런데 공교롭게도 내가 중계석에 앉자마자 한화의 강석천 선수가 홈런을 때리는 것이 아닌가!

"홈~~런~~ 홈~~런~~"

나의 중계 첫 함성은 행운의 홈런이 돼버렸다. 지난 1년간의 고생을 깔끔하게 날려준 것 같은 기적의 함성이었다. 지금도 그날 강석천 선수의 홈런 장면만은 생생히 기억나는데, 우습게도 이후의 3이닝 중계가 어찌 지나갔는지 기억에 하나도 없다. 그만큼 정신이 없었다. 몇 날 며칠 준비한 두툼한 자료는 10분의 1도 써먹지를 못하고 말이다.

다음날 예상처럼 나는 스포츠신문 1면을 장식했다. 거기서 끝이 아니었다. 조선일보, 중앙일보, 동아일보를 비롯한 주요 일간지부터, 〈벼룩시장〉 같은 구직 페이퍼, 각종 사보, 여성잡지, 일본의 언론까지 거의 모든 매체에 '최초의 여성 프로야구 캐스터 윤영미'에 대한 기사가 연일 올랐다. 당시 기사를 스크랩해놓은 것이 앨범으로 3권이나 되니 얼마나 유명세를 탔는지 짐작할 만하다.

나는 꿈을 이뤘다. 미친 짓이란 주변의 비웃음을 보란 듯 이겨냈다. 나는 비로소 대한민국 최초의 프로야구 여성 캐스터가 되었다. 물론 그 길은 예상처럼 가시밭길의 연속이었다. 하루하루 시간이 흐를수록 야구 중계는 오감이 총동원되는 엄청나게 에너지를 소모하는 일이라는 선배들의 충고를 절감할 수밖에 없었다. 눈으로는 운동장에서 펼쳐지는 경기와 자료를 봐야 하고, 귀로는 관중의 함성과 함께 해설자의 얘기를 들어야 하고, 손으로는 기록지에 영어 약자로 된 야구 기록을 적어야 하고, 머리로는 경기 돌아가는 상황을 이해해야 했다. 한꺼번에 모든 오감이 총동원돼 돌아가야만 기본적인 중계가 가능한 게 바로 야구 중계였던 것이다.

게다가 중계 시에는 화장실에 갈 시간마저 없기에 아침부터 죽고 못 사는 커피도 일체 입에 대지 않았지만, 너무 긴장을 해 없던 요의도 생기고는 했다. 참는 것도 한계가 있어 나중엔 얼굴에 경련이 일기도 하고, 끝나고 일어나 걷기도 힘든 상황을 겪은 적도 여러 번이었다. 야구 캐스터들이 안쓰럽고 민망하게 볼일을 해결했던 에피소드가 전설처럼 전해지는 까닭도 여기에 있는데, 어느 선배는 아예 빈 통을 옆에 가져다놓고 해결하기도 했다는 일화도 있다.

게다가 새로운 길을 개척한 것에 칭찬을 아끼지 않는 이들도 있었지만, 여자 캐스터의 중계를 삐딱한 시선으로 바라보는 이들도 많았다.

유일무이, 나만의 브랜드 차별화 전략

“여성의 목소리가 야구에는 맞지 않는다.”

“야구를 해보지 않아 야구 중계에 순발력이 없다.”

“전 이닝을 중계하기엔 아무래도 무리다.”

수긍이 가는 비판도 있었고, 인신모독성의 비판도 있었다. 하지만 나는 모든 비판을 감내하며 꿋꿋하게 2000년까지 6년 동안 라디오 중계를 했다.

| 실패한다고 욕하지 마라. 시도조차 못하는 바보도 많다 |

혹시 지금 가슴속 깊은 곳에서 용솟음치는 소리가 있지 않은가? 하고 싶다고, 제발 하고 싶다고, 욕망을 풀어달라고 애원하는 음성이 들리지 않는가?

왜 하지 않는가? 만약 실패할까 무서워 애써 외면하고 있다면, 그는 바보다. 실패한다고 욕하는 사람들에게 주눅들 필요가 없다. 그런 사람들의 말에 귀 기울일 필요도 없다. 시도조차도 못하는 바보가 될 것인가? 시도하고 깨져나가며 성공의 길을 걸을 것인가?

고백건대 나의 야구 중계 역시 성공적이었다고 말할 수는 없다. 여성의 목소리가 가진 한계도 분명 있었고, 야구를 직접 경험하지 못한 상황에서 이론으로만 습득하는 데 따른 한계도 나 스스로 절감했다. 3시간 넘는 중계 내내 목청 높여 함성을 지르자니 체력적인 소모도 너무나 컸다. 내용 면에서도 흡족한 중계를 하지 못했던 것 같다.

다만 한 가지, 내 개인의 역사로 볼 때, 야구 중계는 내가 자신감을 얻을 수 있었던 일생일대의 사건이었다. 무엇인가 결심하고, 행동했다는 것. 성공과 실패를 떠나 열심히 노력했다는 것이 큰 자산으로 남아 지금의 나를 만들었다는 것을 나는 온몸으로 느낀다. 어려운 과제를 스스로 풀었을 때의 만족감, 목표를 달성했을 때의 뿌듯함, 어떤 어려움도 두렵지 않다는 용기를 얻은 것만은 분명하다. 내 노력의 한계점을 시험한 날들을 통해 인생에 대한 막연한 두려움이 사라졌다. 이리저리 재느라 정작 기회를 놓치는 일도 없어졌고, 넘어지고 무르팍이 깨져도 뛰라는 말을 나는 비로소 깨달았다.

어쩌면 그게 성공일지도 모른다. 남들은 모르는 나만이 느낄 수 있는 가슴속 그득히 차오르는 충만한 성취감, 그리고 앞에 놓인 목표를 향해 가는 추진력이란 힘, 풀지 못할 과제는 없고 이루지 못할 꿈은 없다는 그 신념이 야구 중계가 나에게 준 인생 최고의 선물이었다.

도전을 취미로 삼아라

서른이면 잔치는 끝났다고 어느 시인이 말한 적 있다. 하물며 여자 나이 마흔은 어떨까. 질풍 같던 젊음의 온갖 손님들이 모두 떠나고 남은 폐허마저 말끔히 털어낸, 마치 텅 빈 방에 고단한 몸을 누인 듯한 나이가 아닐까. 서른의 눈물이 슬픔의 눈물이라면 마흔의 눈물은 씻김의 눈물일지도 모른다. 그 자리는 어제의 것들이 떠난 자리이기에 더는 혹하지 않는不惑 것이요, 더해 인생을 새롭게 바라보기 시작하는 삶의 진정한 눈을 뜨는 시간이 아닐까 싶다.

대한민국 최초의 여성 프로야구 캐스터로 활약하며 승승장 구했지만 차츰 사람들의 박수소리가 시들해지면서 나 자신도 한계에 부딪치는 기분이었다. 더 이상 발전이 없는 내 야구 중계 실력에 회의를 느끼기 시작했다. 어떠한 돌파구랄까? 나는 또 다른 목표에 대한 갈증을 느끼게 되었다.

"이제 무언가 새로운 것에 다시 도전해보고 싶다."

나는 결국 6년 동안 정들었던 프로야구 캐스터를 끝내고 새로운 모색을 고민했다. 내 나이도 이제 마흔이었다. 인생의 전반전이 막 끝나고 후반전이 시작되는, 반 정도 남은 인생의 터닝 포인트 마흔. 앞으로 남은 인생의 반을 어떻게 꾸려가야 할 것인가? 이전까지의 삶과는 다른 목표의식을 가지고 싶었다. 고민 끝에 나는 아나운서라는 커리어를 살릴 수 있는 대학원에 진학해 공부를 하기로 결심했다.

대학원에서는 '외국어로서의 한국어 교육'을 공부했다. 보통 아나운서들은 대학원에 진학하는 경우 거의 대부분 '언론정보'에 관련된 공부를 하는데, 나는 좀 더 다른 쪽의 공부를 하고 싶었다. 뭐랄까? 실용적인 학문을 하고 싶었다고나 할까? 개인적으로는 인테리어에 관심이 많았지만 기본 지식이 없는 상황에서 대학원 진학은 어려울 것 같아 포기할 수밖에 없었다. 그렇게 이리저리 알아보던 차에 연세대 대학원에서 개설한 '외국어로서의 한국어 교육'이라는 전공이 눈에 들어왔다. 국문과 출신에 아나운서 경력이 있으니 차후에 한국어 교육에 보탬이 될 것 같았고, 아나운서 업무에도 보다 체계적인 도움이 될 것 같아서였다. 나는 곧바로 원서를 내고 합격해 대학원 공부를 하기 시작했고, 방송에서도 다시 한 번 무언가 나만의 매력을 뽐낼 수 있는 분야가 없을까 고민을 거듭했다.

그러던 어느 날 내 눈에 들어온 게 바로 골프 중계였다. 때마침 골프가 점차 대중화되면서 골프 중계도 늘어나고 있는 추세였다. 곰곰이 따져보니 골프 중계는 야구 중계에 비해 여자에게 유리한 점이 많았다. 무엇보다 안타 하나 홈런 하나를 칠 때마다, 주자가 살아도 죽어도 고함을 치듯 방송을 해야 하는 야구에 비해 소리를 지를 필요가 전혀 없다는 것. 또한 골프는 여자도 실제로 라운딩을 해볼 수 있다는 게 매력적이었다.

"야구 경험 있어요? 공 한번 안 던져보고, 배트 한번 안 휘두른 분이 야구를 어떻게 이해합니까?"

솔직히 그동안 야구 중계를 하면서 그 점이 가장 힘들었다. 처음 야구 중계를 한다며 야구장을 돌아다닐 때마다 제일 많이 들었던 말도 그 말이었다. 틀린 말이 아니었다. 무슨 일이든 직접 해본 일과 밖에서 보기만 한 일은 아무래도 피부에 와 닿는 게 다를 수밖에 없었다.

'그래, 골프 전문 아나운서가 돼 다시 한 번 최초의 여자 골프 캐스터란 역사를 쓰는 거야!'

나는 아무에게도 알리지 않고 혼자 골프 연습을 하기 시작했다. 관련 책을 구입해 공부하고, 인터넷으로 골프에 관한 역사와 규칙을 습득하며 1년을 열심히 준비했다. 그런데 "윤영미 아나운서가 골프 연습을 한다."는 소문이 차츰 나기 시작하더니 아니나 다를까 몇몇 후배들이 골프 공부를 시작하는 게 아닌가! "이것은 해볼 만하다."고 저마다 느낀 게 분명했다. 뭐 얄미웠지만 어쩔 수 있나?

벌써 1년 넘게 골프 중계 연습을 했던 나는 솔직히 알아서 나를 뽑아줄 줄 알았다. 그러나 사회 생활이 어디 그런가? 나만 일방적으로 뽑으면 여기저기서 불만이 터질 테니 자체 오디션을 해서 공정하게 경쟁을 하자는 통보가 왔다. 그중에서 제일 잘하는 아나운서로 1명을 뽑겠다는 취지였다. 오디션 참가 의사를 밝힌 아나운서는 나를 포함한 여섯 명. 나는 3개월 뒤로 잡힌 오디션을 위해 정말 피눈물 나게 훈련을 했다. 객관적으로 느끼기에도 당장 골프 중계를 해도 무리가 없을 정도로. 그러나 오디션 결과, 나는 낙방했다. 나보다 훨씬 더 젊고, 훨씬 더 예쁜 후배가 되었다.

'아, 정말 이건 말도 안 돼!'

나는 내가 떨어졌다는 사실을 인정할 수가 없었다. 아무리 생각해도 내가 보기에는 내가 더 잘한 것 같았다. 억울하고 분해 너무 화가 났다. 그러나 한마디 항변도 못하는 어쩔 수 없는 현실에 좌절감이 물밀듯이 몰려왔다. 결국 대학원 수업에 들어가기 위해 도착한 연세대 주차장 차 안에서 나는 두 시간 동안 대성통곡을 했다. 첫 아나운서 시험에 떨어진 것만큼 힘든 심정이었다. 어렸을 적 아버지가 돌아가시고 처음으로 그렇게 많이 울었던 것 같다.

눈물로 억울함이 어느 정도 씻겨나가서였을까? 내 마음속에서 조그마한 음성이 들렸다.

'왜 너만 꼭 첫 번째가 되어야 하니? 후배에게 양보할 수도 있는 거 아냐? 왜 꼭 너만 하려는 욕심을 부리지? 지금은 양보한다고 생각하자. 다음에 또 다른 기회가 있지 않을까?'

물론 자기변명일 수도 있었지만, 그런 생각이 들자 마음이 한결 편안해졌다. 나는 다시 한 번 마음을 다잡았다. '회사에서 나를 밀어주지 않았지만, 그렇다고 나는 결코 포기하지 않는다.'는 오기로 언젠가 찾아올 기회를 노리기로 다짐했다. 스스로 준비하면 준비하는 자에게 기회는 반드시 올 테니 말이다.

| 도 전 하 지 않 으 면 인 생 에 녹 이 슨 다 |

세계적인 탐험가 존 고다드 John Godad 는 열다섯 살에 적은 '나의 인생 목표'에 카약 하나로 나일 강 탐험하기, 에베레스트 등정, 비행기 조종법 배우기 등의 127가지를 목표로 세웠다고 한다. 그리고 여태까지 그중 무려 108가지를 달성했다고 한다. 물론 몇 가지 꿈을 정하고, 몇 가지를 이뤄냈다는 게 중요한 것은 아니다. 그는 한 인터뷰에서 "억지로 127개 항목을 모두 이루려고 고민하지 않았습니다. 중요한 것은 내가 그렇게 살고 싶었다는 것입니다.”라고 말했다.

목표를 세우고 도전하자. 여자라서, 그놈의 여자라서 힘들다는 소리 제발 그만 좀 하자. 이제는 듣는 사람도 말하는 사람도 짜증만 날 뿐이다. 『죽기 전에 꼭 해야 할 49가지』라는 책처럼 내가 하고 싶은 일들을 목록으로 적어 노력하자. 꼭 거창한 목표를 세울 필요도 없다. 꿈이란 늘 거창한 그 무엇이라는 착각 때문에 우리는 꿈에 과부하가 걸리는 경우가 정말 많다. 소소한 꿈도 소중한 꿈이다. 꿈의 목록을 만들어 하나씩 차근차근 도전하자. 그러지 않으면 인생에 시뻘건 녹이 슨다. 숨만 쉴 뿐 아무 의미 없는 생을 살지 말고 흐르는 물처럼 변화에 몸을 움직이는 살아 숨 쉬는 청량한 삶을 살아내자.

아나운서가 망가져도 되는 거야?

요즘은 텔레비전을 틀면 하루에도 대여섯 개의 예능 프로그램이 시청자들의 눈길을 사로잡는다. 그리고 그 입담 좋은 출연자들 사이에 한두 명씩 껴 있는 아나운서를 심심찮게 볼 수 있다. 그만큼 예능 프로그램에서 이름을 알려 한창 상종가를 치는 아나운서들이 점차 늘어나고 있다.

그러나 불과 10여 년 전만 해도 예능 프로그램에 아나운서가 출연하는 일은 무척 드물었다. 아나운서는 그야말로 교양과 품격을 반드시 고수해야 하는 직종처럼 생각되던 때였다. 그러던 차에 아나운서가 예능 프로그램에 본격적으로 발을 디디게 된 계기가 생겼다.

2000년 초반이었다. 방송국에서 '아나운서의 스타화'라는 새로운 정책을 내걸었다. 간단하게 말하자면, 이제까지 고정관념처럼 지켜져 왔던 아나운서들의 딱딱한 이미지를 벗겨내 색다른 모습으로 시청자들에게 즐거움을 주자는 뜻이었다. 그간의 소극적인 이미지의 아나운서 모습에서 벗어나 보다 적극적이고 공격적인 이미지 마케팅을 하자는 취지라고나 할까? 연예인들이 아나운서뿐만 아니라 온 방송의 영역을 차지하고 있는 상황에서 우리 아나운서들도 보다 적극적으로 시대 흐름에 맞춰 영역을 확대해보자 하는 의도였다.

곧바로 추석에 아나운서들이 연예인들과 노래와 춤으로 대결하는 쇼 프로그램이 기획돼 지원자를 모집하고 오디션을 보기로 했다. 처음에는 아나운서실 내부에서도 말들이 많았다.

"우리가 이렇게까지 망가져야 하는 겁니까?"

아나운서의 정숙한 이미지를 고수해야 한다는 측에서 반발도 많았다. 개개인의 취향과 가치관은 다를 수밖에 없으니 그들을 욕할 것도 없었다. 그만큼 모든 일에서 100% 동의를 얻는다는 것은 힘든 일이니까…….

나는 방송국의 새로운 아나운서 정책이 무척 흥미로웠다. 아나운서도 흥에 겨우면 노래도 부르고 춤도 출 줄 아는 평범한 직장인이라 여겼기에 큰 거부감 없이 지원을 할 수 있었다. 사실 노래 부르고 춤추는 건 내 취미가 아니던가! 그런 쪽의 끼라면 그 누구보다도 많이 갖고 있기에 내 개성을 맘껏 발휘해 볼 수 있는 좋은 기회로 여겨지기도 했다. 프로그램에 지원한 내가 오디션에 합격하는 것은 당연했다.

그런데 고민은 그때부터였다. 다른 아나운서들이야 대강대강 무난한 곡에 무난한 의상과 춤을 정하는 분위기였다. 그러나 나는 그러고 싶지 않았다. 이왕에 할 거면 재밌게 즐기고 싶었다. 나는 며칠을 고민한 끝에 특단의 결정을 내렸다.

'그래. 얌전한 노래 한 곡 부르고 말 바에야 임팩트가 강한 걸로 하자!'

내가 선택한 곡은 신신애의 '세상은 요지경'이었다. 과감하게 곡을 정하기는 했는데 사실 나만 너무 튀는 것은 아닌지 걱정이 되기도 했다. 그래도 어쩌겠는가? 칼을 뽑았으니 무라도 썰어야 할밖에. 나는 신신애 씨에게 전화를 걸어 댁까지 직접 찾아가고야 말았다.

"이번 쇼 프로그램에서 선생님의 노래와 춤을 하고 싶어서요."

내가 하필이면 파격의 극치였던 당신의 노래와 춤을 배우고 싶어 왔다는 말에 신신애 씨의 놀라던 표정이라니. 신신애 씨는 내 엉뚱한 제안이 재밌었는지 흔쾌히 허락을 하고는 며칠 동안 내게 춤과 노래를 전수해주었다. 나는 그뿐만 아니라 신신애 씨의 옷과 액세서리까지 빌려 입고 착용해 마침내 명절 프로그램에 출연했다.

결과는? 예상 그대로였다. 출연한 연예인과 아나운서는 물론이고 촬영을 하던 스태프와 방청객들 모두 뒤로 나동그라지고 말았다. 신신애 씨의 요란한 드레스에 반짝이 헤어밴드를 머리에 쓰고, 눈은 사팔뜨기처럼 뜬 채로 '세상은 요지경'을 불렀으니 1등을 못하는 게 바보였다. 다음날 인터넷에 '엽기 아나운서'라는 동영상이 떠돌기도 했다.

다음 명절 프로그램에서도 내 외도는 식기는커녕 활활 더 타올랐다. 재미가 들렸던 걸까? 이번에는 신신애 씨보다 더 강한 인상을 심어줄 게 뭐가 있을까 고민을 했다. 마침내 생각해낸 것이 당시 괴상한 차림새와 창법으로 인기를 끌었던 이박사의 트로트 메들리! 결정을 하는 게 힘들었지, 결정만 하면 일은 일사천리로 해내는 게 내 특기이지 않은가. 곧장 이박사에게 도움을 요청해 집과 연습실까지 찾아가 연습한 것은 두말하면 잔소리였다.

프로그램 녹화 당일에는 나만 나오는 게 식상할 것 같아 내가 먼저 흥을 돋운 뒤에 이박사가 직접 깜짝 출연해 함께 공연을 하며 좌중을 아연실색케 했

유일무이, 나만의 브랜드 차별화 전략

다. 또 그다음 해에는 벨리댄스를 배워 췄는데, 그냥 벨리댄스를 한 게 아니라 우피 골드버그의 수녀 복장으로 나와 엉덩이를 내밀고 지휘를 하다가 수녀복을 벗고 신신애 씨의 막춤을 추고, 또 이박사의 반짝이 옷을 입고 춤을 추는 등 그야말로 엽기적인 방송이 계속 이어졌다.

그때의 내 파격적인 외도가 가져온 결과는 어땠을까?

"저 아나운서 정말 파격적이네! 이름이 뭐야?"

"몸을 던져 뛰는 게 참 열심히네!"

쇼 프로그램에서는 망가질 대로 망가졌지만, 즐겁게 망가져가며 나는 시청자들에게 호감을 불러일으켰다.

돌이켜보면 그때의 과감한 선택이, 많은 나이임에도 불구하고 지금까지 오랫동안 연예 프로그램을 진행할 수 있게 한 원동력이 아닌가 싶다. 그전까지 나는 나이깨나 먹은 여자 아나운서, 야구를 좋아하는 마니아들이나 알아주는 최초의 여자 프로야구 캐스터라는 이미지 외에 별달리 내세울 만한 이미지가 없었다. 그러던 차에 반듯하게 고정되어 있던 아나운서라는 이미지를 과감히 몸을 던져 깼기에 사람들이 나를 아직까지도 기억해주는 것 같다.

나는 신신애 씨 흉내를 내면서 차츰 연예 오락 프로그램에 단골 게스트로 나가게 되었고 드라마에도 자주 출연하게 됐다. 아나운서들이 시트콤 형식으로 출연해 올바른 우리말에 대한

정보를 주는 프로그램 '사랑해요 우리말'에서는 뽀글뽀글 파마 아줌마, 주책바가지 할머니, 수다스런 아줌마 같은 역할만 도맡아 할 정도였다. 그때마다 나는 연기가 정말 재밌고 몸에 맞는 옷을 입은 듯 즐겁고 편안했다. 그야말로 일을 즐기며 할 수 있었다. 그 후에도 '반전 드라마', '백한 번째 프러포즈', '헤이헤이헤이', '솔로몬의 선택' 등에서 많은 연기를 했다. 아직도 많은 사람들이 기억하는 '하늘이시여'에서 혹여 나를 기억하는 이가 혹시 있을까 모르겠다. 아무튼 이제는 윤영미, 하면 연예 전문 아줌마 아나운서가 된 게 아닌가 싶다.

유일무이, 나만의 브랜드 차별화 전략

| 개성은 만드는 게 아니라 찾고 즐기는 것이다 |

우리는 행여나 누군가에게서 조언 몇 마디를 들을라치면 이 말을 수도 없이 듣는다.

나만의 개성을 살려라!

그러나 글쎄…… 개성이란 게 불씨처럼 살리고 싶으면 살리고, 죽이고 싶으면 죽일 수 있는 것도 아니니 문제다. 개성이란 말 그대로 타고난 성정이다. 즉 내가 선택할 수도 없고, 의도적으로 키워나가기도 어렵다. '나는 이런저런 개성이 있으니, 이렇게 살려야겠다.'고 생각하고 실천하는 사람 아마 거의 없지 않을까? 나 자신이 내 맘대로 안 되는 거, 우리는 매일매일 매 순간 느끼고 살고 있잖은가?

나는 그런 점에서 굉장히 운이 좋았던 것 같다. 그날 그 쇼 프로그램에서 그냥 밋밋하고 재미없게 노래 부르고 춤을 췄다면 내 인생은 조금 달라졌을지도 모른다. 다분히 의도적이기는 했지만, 그 의도라는 게 놀기 좋아하는 내 본성과 맞아떨어진 것이기에 나는 부끄럽지 않았다.

개성이란 만드는 게 아니다. 만들 수도 없다. 요즘 아가씨들이 재밌고 유머러스한 남자를 좋아한다고, 유머 책을 사서, 혹은 인터넷에서 본 유머를 달달달 외우는 남자들을 보면 좀 한심스러워 보이는 게 그 까닭이다. 본래 자신의 성정이 아닌데, 그걸 어떻게 바꾼단 말인가? 유머 책을 읽을 시간에 차라리 자신의 개성을 찾고 긍정적인 방면으로 특화시키는 게 훨씬 효과적이지 않을까?

나는 개성 없는 무색무취의 사람이라고 스스로를 업신여기지 말자. 신은 우리에게 공평하게 개성을 부여했다고 나는 믿는다. 차이가 있다면 개성을 발견했느냐, 발견하지 못했느냐 뿐이다. 지금이라도 나만의 개성을 찾기 위해 노력해야 하는 이유가 여기에 있다.

유일무이, 나만의 브랜드 차별화 전략

현장 생방송으로 승부하라

아나운서를 뽑는 면접에서 여자 아나운서 지망생들에게 만약 아나운서가 된다면 어떤 프로그램을 하고 싶으냐고 물으면 어떤 답을 할까? 열의 아홉은 방송의 꽃인 뉴스 앵커가 되고 싶다고 당찬 포부를 밝힌다. 꽃 중의 꽃이 되고자 하는 것이다.

한 해 수천 대 일의 경쟁률을 뚫고 그 어렵다는 아나운서에 뽑힌 신입 아나운서들을 보면 정말 어디에 내놔도 꿀리지 않을 재원들이다. 하지만 어쩔 수 없이 그 안에서도 경쟁이 이뤄지고, 그야말로 유명 아나운서가 돼 이름이 알려지는 수는 정말 적다.

현재 KBS는 100여 명에 가까운 아나운서가 있고, MBC는 50명, SBS는 35명 정도의 아나운서가 있다. 정확한 숫자는 아니지만 대략 185명의 아나운서가 활동을 하고 있다는 이야기이다. 그런데 시청자들이 알고 있는 아나운서는 몇 명이나 될까?

손에 꼽기에도 모자란 게 현실이다. 그만큼 아나운서가 되는 것도 힘들지만, 아나운서가 되고 난 후의 경쟁도 너무나 치열하다. 게다가 모든 여자 아나운서들의 로망인 메인 뉴스의 앵커는 딱 한 명뿐일 뿐이다.

내가 아쉬운 것은 메인이 되지 못한 아나운서들의 낙심이다. 그 어려운 경쟁을 뚫고 들어왔는데도 메인이 되지 못했다는 이유 하나 때문에 마치 자신이 아나운서도 아닌 것처럼 낙담하는 후배들을 볼 때면 마음이 아프다. 아나운서가 되기 전엔 아나운서만 된다면 더 이상 소원이 없을 것 같다는 생각을 하지만 막상 되고 보면 또 그 안에서 마음의 상처를 입게 되는 것이다. 그런데 한번쯤 생각해봐야 할 게 있다. 처음부터 메인으로만 가려고 노력하고 그렇게 해서 처음부터 메인을 맡는 게 좋은 일일까?

요즘 많은 대기업이 신입사원이 입사하면 무조건 영업부터 가르친다고 한다. 전공 불문 나이 불문 성별 불문하고 신입사원들을 최소한 몇 개월이라도 현장업무에 투입시킨다는 것이다. 이유는 오직 하나. 바로 현장을 알라는 취지이다. 책상머리

유일무이, 나만의 브랜드 차별화 전략

에 앉아 이론만 늘어놓지 말고, 현장의 살아 숨 쉬는 분위기를 파악하라는 소리다.

아나운서 세계는 아주 오래 전부터 현장 학습 방침을 정확히 따르고 있다. 처음 아나운서가 되면 큰 프로그램 MC를 맡기보다는 교양 프로 리포터로 현장에 나가 인터뷰를 하거나 상황을 스케치하는 방송을 맡게 된다. 물론 쉬운 방송이라기보다는 고생스럽기에 후배들에게 맡기는 경우도 있기는 하다. 크게 주목받는 방송도 아닌데다가 나가면 힘이 많이 드는 방송이니까……

이렇듯 현장 생방송은 말 그대로 아나운서들이 가장 기피하는 프로그램이다. 만약 촬영지가 전라남도 해남으로 정해졌다고 치자. 해도 뜨지 않은 깜깜한 새벽에 촬영지로 출발해야 한다. 그렇게 대여섯 시간을 덜컹거리는 비좁은 승합차로 이동하면 도착하기도 전에 진이 빠지기 일쑤다. 도착해서 촬영을 한다고 해도 의도한 대로 촬영이 이뤄지는 경우가 얼마나 있나? 그런 경우는 손에 꼽을 정도. 결국 다리 뻗고 쉴 만한 공간도 없는 곳에서 하루 종일 촬영하고 다시 돌아오면 자정을 넘기는 게 태반이다. 그래서 현장 리포터를 더 이상 못하겠다고 항의하는 경우도 종종 발생한다.

그런데 시청자들이 보기에는 그보다 멋진 직업도 없다. 예를 들어 음식 프로그램인 경우, 시청자는 전국 방방곡곡을 돌며 맛있는 음식 많이 먹어서 좋겠다고 부러워한다. 나 역시

'여행 쇼 일상탈출'이란 프로그램을 할 때, 주변의 지인들이 무척이나 부러워했다. 그러나 텔레비전 화면 안에서의 일일 뿐이다. 하루 종일 고생하며 촬영한 것을 20분 정도로 압축시켜 신나는 장면만 보니 재밌는 것일 뿐이다.

새벽 5시에 승합차 뒷좌석에 앉아 네다섯 시간을 이동해서 밤늦게까지 몇 군데를 분주히 돌아다니며 촬영을 한다고 생각해보라. 아무리 기운이 없고 지쳐도 티도 못 내고 마냥 즐거운 척, 신나는 척만 해야 한다. 다리 아프고 허리가 쑤셔도 여기가 천국인 것처럼 히히거리고 웃는 모습만 줄기차게 보여주어야만 하니. 게다가 바쁜 일정 때문에 얼른얼른 찍고 다음 장소로 이동을 해야 하기에 느긋하게 앉아 음식을 즐길 여유도 없거니와 먹음직스런 화면을 위해 맛보다는 보이기에 치중하기 때문에 돈 내고 그때그때 사먹는 게 맛있지, 촬영을 위해 가서 먹으면 그게 그리 맛있지만은 않은 경우가 태반이다.

SBS 개국 방송의 영광을 뒤로 하고, 나는 줄기차게 현장 생방송에 투입됐다. 연차가 차츰 늘어도 도통 현장 생방송이 줄어들지 않았다. 예쁜 동기, 후배들이 정장을 차려입고 방송국에서 편하게 방송할 때, 나는 여전히 이곳저곳을 두 발로 뛰어다녀야 했다. 속상하지 않았다면 거짓말이다. 그러나 속상한 것은 속상한 거고, 솔직히 말해 힘은 들어도 내 적성에는 현장 방송이 맞았다. 그래서 팔도유람이 필수인 프로야구 캐스터에

유일무이, 나만의 브랜드 차별화 전략

도 스스럼없이 도전했던 것이다.

방송 24년 동안 갖가지 프로그램을 경험했지만, 나는 뉴스 앵커가 되고 싶은 생각은 처음부터 별로 없었다. 물론 방송사의 가장 비중 있는 프로그램을 대표하는 영광스런 자리임에는 틀림없지만, 적어도 내게는 여자 아나운서들이 열망하는 것만큼의 매력 있는 자리는 아니었다. 지금은 주로 연예 관련 프로그램을 하고 있지만 아나운서 초창기 시절에는 나 역시 뉴스를 진행했다. 하지만 뉴스를 진행할 때마다 어찌나 편치 않은지, 꼭 남의 옷을 빌려 입은 듯 옥죄는 느낌이랄까? 원고를 기계처럼 또박또박 읽어야 하는 뉴스는 내게 참 어려운 일이었다. 뉴스 프로그램의 경직된 분위기가 숨 막힐 것만 같았다. 그런 꽉 짜인 방송보다는 자유로운 분위기의 방송, 가령 현장 리포터나 MC 옆에서 원고 없이 자유롭게 얘기하는 패널 같은 자리가 내겐 더 적성에 맞았다.

그렇게 뉴스보다는 오히려 현장 방송이 더 내 적성에 맞는다는 것을 깨달았기에 나는 쉽게 현장 생방송에 익숙해질 수 있었다. 태어나길 역마살, 마당발로 태어났으니 생생한 현장 방송을 하는 게 몇 배나 더 재밌었다. 현장 방송이 주는 무궁무진한 매력에 빠져들었기 때문일까. 어느 날부터 '윤영미 아나운서는 어떤 험한 방송을 맡아도 늘 신나게 방송하는 믿을 만한 아나운서'라는 말을 듣기 시작했다. 향긋한 꽃향기만 풍기는 여자 아나운서가 아니라 옆에 가면 시큼한 땀 냄새가 나는 아나운서라는.

나는 요즘 대기업이 신입사원을 현장에 투입하는 이유도 비슷하다고 생각한다.

현장 생방송은 정말 많은 강점이 있다. 우선 무엇보다 현장의 다양한 사람을 만나 이론에서 배울 수 없는 많은 것을 배울 수 있다. 가령 거리 스케치를 하다 보면 지나가는 행인을 붙잡아 인터뷰를 하는데, 전문가가 하는 깔끔한 인터뷰는 아니더라도 살아 숨 쉬는 우리 이웃들의 주름살과 검박한 웃음을 바로 곁에서 지켜볼 수 있다. 바로 현장 인터뷰의 매력인 자연스러움이 차츰 방송 스타일에 묻어나게 된다. 또한 그때그때의 돌발 상황에 맞게 순발력 있게 질문을 바꾸는 방송 테크닉을 습득할 수 있고, 답변에 따라 질문을 바꿔가며 더 깊은 대답을 이끌어낼 수 있는 요령도 생긴다. 상대방의 심리를 빠른 시간에 파악하고 솔직한 답변을 유도하는 기술을 체득할 수 있는 것이다.

그리고 무엇보다 현장 생방송의 묘미, 바로 사고의 위험성을 들 수 있다. 몸으로 부딪히는 방송이니만큼 사고의 위험성은 도처에 널려 있다. 많은 아나운서들이 현장 생방송을 꺼려하는 까닭도 여기에 있다. 그러나 달리 말하면 언제나 스탠바이가 돼 있는, 그 어떤 위험도 감수하고 이겨내야 하는 강한 정신력을 기를 수 있다는 말이 된다. 나는 여기에도 대기업들이 신입직원을 현장으로 보내는 답이 있다고 생각한다.

유일무이, 나만의 브랜드 차별화 전략

우리가 텔레비전을 볼 때 정말 멋진 기자, 아나운서라고 감탄을 터뜨릴 때가 언제였을까?

나 같은 경우는 화려한 조명 아래서 멋진 정장을 차려입고 방송하는 아나운서를 볼 때가 아니다. 바로 옆에서 총탄이 날아다니는 와중에도, 몰아치는 폭풍우에 몸이 휘청거리면서도 마이크를 손에서 놓지 않는 이들을 볼 때 정말 멋지다고 감탄을 한다.

기자와 아나운서의 진정한 멋과 맛은 바로 현장 생방송에 있는 것이 아닐까. 어떤 돌발 상황을 염두에 둔, 그러니까 위험을 무릅쓰고 진행하는 방송이 정말 매력적이지 않을까. 쉬운 사람보다는 어딘가 아슬아슬하고 까칠한 구석이 있는 모난 사람에게 매력을 느끼듯이 밋밋하고 쉬운 방송보다는 거칠고 예측이 어려운 방송이 도전의식을 불러일으키고 보람을 느끼게 하는 것 같다.

나는 회사에서 두각을 나타내지 못한다고 가슴앓이를 하는 후배들을 보면 처음부터 메인으로 가려고 노력하지 말라고 충고한다. 사람마다 다 자기 스타일이 있고, 몸에 맞는 옷이 있지 않을까? 누구나 뉴스 앵커를 꿈꿔도 그게 내 몸에 안 맞는다면 당연히 그건 내 것이 아닌 것이다. 직업 선택에 있어서도 우리는 아이들에게 흔히들 성공하란 의미로 의사나 검사가 되란 이야기를 참 많이 한다. 아이의 취향이나 적성은 생각지도 않고 무조건 근사하고 돈 많이 버는 안정적인 직업을 무턱대고 권유한다. 참 위험한 행동이다. 뭘 해도 자신이 하고 싶은 것을 해야 행복한 법이다. 가장 중요한 나만의 행복은 잊은 채 그저 남들이 좋다고 보는 것에 행복의 초점을 맞추면 나는 없다. 괴로운 허울만 존재할 뿐.

일찍 핀 꽃은 일찍 시들게 마련이다. 화려한 장미보다는 소박한 국화꽃이 오래가듯 지금 나의 위치에 고민할 필요 없다. 내가 잘하고 재밌게 할 수 있는 일을 찾는 것이 더 시급한 일이니까…….

유일무이, 나만의 브랜드 차별화 전략

시간과의 싸움에서 패敗보다 승勝이 많은 사람이 인생에서 성공할 확률이 높다
고 생각한다. '내가 오늘 허투루 보낸 하루가 어제 죽은 사람이 그토록 간절히
원하던 하루' 였다는 유명한 격언처럼 직장 내에서 성공하는 필수적인 요소를
나는 '시간 엄수' 라고 확신한다.

PART 03

신기묘산, 24년 직장 생활 노하우

아나운서도 엄연한 직장인이랍니다

WONDERFUL | PASSION

어두운 나선형 계단을 하염없이 뛰어 내려간다. 또각또각. 날카로운 하이힐 소리가 심장박동보다 빠르게 계단에 울려 퍼진다. 복도를 돌고 또 돌아도 몇 년을 진행한 스튜디오를 못 찾아 이리저리 헤맨다. 아, 'ON-AIR' 표시등이 보이지 않는다. 방금 전까지 손에 들고 있던 방송원고가 사라지고, 겨우 찾은 원고가 이번에는 알 수 없는 언어로 쓰여 있고…… 악몽에 번쩍 눈을 뜬다. 깜깜한 어둠 속에서 차갑게 식은 이마를 훔친다.

"한동안 뜸하더니 또 악몽이야?"

남편이 묻는다.

"휴…… 완전 펑크였어. 나 이번에도 뉴스 시간에 늦어서 헐레벌떡, 어휴~"

짐짓 쑥스러워 둘러대고는 자리에서 일어나니 창밖은 아직도 칠흑처럼 까맣고 잠은 훨훨 달아난다. 아나운서 생활 20년이 넘었는데 꿈속에서는 여전히 'ON-AIR' 표시등을 못 찾겠으니……. 가끔 아나운서들끼리 모인 자리에서 방송 펑크에 시달린 꿈 이야기를 할 때가 있는데, 이야기가 시작되면 쉽게 끝이 나질 않는다. 그만큼 다들 말 못할 어려움을 겪는다는 이야기. 아나운서들은 많은 직업병을 달고 사는데 그중에 대표적인 증상이 바로 시간에 대한 강박증이다.

'혹시 뉴스 시간 빼먹은 건 아니지……?'

자다가도 혹은 수다를 떨다가도 몸서리치며 소스라치게 놀라는 시간 강박증. 간혹 신입 아나운서 중에는 신경쇠약증을 보이는 경우도 있다. 경력 24년의 나조차 아직도 악몽을 꿀 때가 있으니 오죽하겠는가. 순간의 실수로 20~30년 무사고 경력이 한순간 물거품으로 사라질 수 있다는, 한 발만 삐끗하면 천 길 낭떠러지로 곤두박질친다는 공포는 쉽게 떨칠 수 있는 성질의 것이 아니다.

일반인들은 그러나 아나운서를 꽤나 자유로운 직업으로 착각한다. 그래서일까? 아나운서들이 가장 많이 받는 질문 중 하나가 바로 이것.

"아나운서도 아침에 출근하고, 저녁에 퇴근하나요?"

아나운서를 프리랜서나 연예인처럼 방송에 출연하는 시간 이외에는 한없이 자유로운 줄 아는데 천만의 말씀. 우리 역시 일반 직장인과 다를 바 없는 샐러리맨일 뿐이다.

| 마 감 인 생 은 아 나 운 서 도 마 찬 가 지 |

최근에 읽었던 이기호라는 한 젊은 소설가의 에세이 중에서 가슴 저릿한 문장을 읽은 적이 있다.

"마감을 지킨다는 것. 자신의 감정과 거리를 둔다는 것. 그것이 이 세상 모든 아버지들의 '길 위의 이야기'인 것만 같아, 펜 끝이 뭉클, 떨린다."

산통이 시작된 부인이 분만실에 들어간 순간에도 원고 마감 시간에 쫓겨 분만실 앞 의자에 쪼그리고 앉아 작업을 했다는 젊은 작가. 그게 어디 아버지의 이야기만이겠는가. 어쩌면 직장 생활을 하는 여성들도 포함되는 말이리라.

아나운서 역시 엄연한 직장인이다. 마감은 아니지만 방송 시간이라는 마감에 쫓기는 밥벌이의 고통을 겪는다는 점에서는 마감을 지켜야 하는 작가나 기자와 비슷한 입장이다. 물론 아나운서는 아침 9시에 출근해 저녁 6시에 퇴근하는 일반 직장인과는 약간은 다르다. 하지만 일정한 생활 패턴이 있다는 점에서 직장인과 크게 다를 것도 없다. 여기에서 잠깐 근무 방식을 설명하자면 방송 시간에 따라 조근, 특조근새벽 5시 뉴스 담당, 일근, 석근, 야근, 특야근자정 뉴스 담당 등으로 분류된다. 아나운서들은 입에 붙어 익숙하지만, 처음 듣는 이들은 특조근, 특야근 하면 혹 특설렁탕을 떠올리며 웃지 않을까. 개중 다른 근무는 출근 시간에 크게 압박을 받지 않지만, 특조근은 적어도 새벽 4시 30분까지는 출근을 해야 하는 말 그대로 노가다 업무다. 꼭두새벽에 출근한다는 것, 말처럼 쉽지가 않다. 알람시계를 몇 개씩 켜놓아도 일어나는 게 정말 고역이고, 무엇보다 새벽 시간이라 목소리가 잠겨 고생하는 경우도 많다.

"그 아나운서 잠이 덜 깬 것 같아요, 목소리가 좀 이상해요."

시청자 게시판에 새벽 뉴스 아나운서의 목소리를 질책하는 글이 종종 올라오는 것도 그 때문이다. 새벽에 자다 일어나 잠긴 목소리를 풀어보려고 별의별 애를 다 쓰지만 사실 뾰족한 방도는 없다. 일찍 일어나 미지근한 물로 목을 푸는 게 좋은데, 일찍 일어나는 그 자체가 힘드니 말이다.

따지고 보면 아나운서는 토요일과 일요일, 공휴일, 명절에도 돌아가며 근무를 해야 하기 때문에 어쩌면 일반 직장인보다 업무 강도가 더 높을 수도 있다. 녹화 방송인 경우는 미리 녹화를 끝내고 당일에는 쉴 수 있지만, 생방송은 어디 그런가? 휴일을 고스란히 반납해야 한다. 특히 라디오 뉴스는 1년 365일

24시간 풀타임이기 때문에, 아나운서들이 돌아가며 특조근, 일근, 석근, 야근, 특야근을 나눠서 담당할 수밖에 없다.

라디오 뉴스 말이 나와서 하는 얘기인데, 라디오 뉴스만큼 시간 맞추기가 어려운 게 또 없다. 텔레비전 뉴스는 보통 1시간 전부터 메이크업을 하기에 펑크 나는 일이 거의 없지만, 라디오 뉴스는 보통 10분 전 스탠바이를 하기에 잠깐 실수하는 순간, 곧바로 펑크가 날 수밖에 없다. 그래서 아나운서라면 누구나 라디오 뉴스 펑크에 대한 심각한 공포를 안고 있는데, 나 역시 아나운서 생활 24년 동안 수도 없이 많은 악몽에 시달렸다.

물론 방송 준비를 위한 시간 외에, 아나운서는 비교적 자유로운 편이다. 책상에 앉아 서류를 작성하는 업무가 아닌 만큼 본인에게 배당된 프로그램만 확실히 책임지면 나머지 시간은 어느 정도 자유로이 쓸 수 있다. 프리랜서처럼 맘대로 시간을 사용할 수는 없지만, 일반 직장인보다는 비교적 자유롭다는 뜻이다. 특조근이면 오후 2시에 퇴근이 가능하고, 특야근이면 저녁 5시쯤 출근을 하니 나머지는 자기계발을 하는 등 스스로 시간 관리를 할 수 있는 장점이 있다는 이야기다.

그렇기에 올바른 우리말을 지키는 것 외에 시간 관리 또한 가장 철두철미한 이들이 바로 아나운서다. 시간이 무서우니 함부로 시간에 소홀할 수가 없다. 한 시간 두 시간이 아니라, 몇 분 몇 초의 자투리 시간에 목숨(?)이 왔다갔다 하는 인생을 살고 있기 때문이다.

24년간 지각 없는 억척 아나운서

WONDERFUL PASSION

내가 어릴 적 학교에서 받은 상장 중에서 제일로 쳐주던 상은 우등상이 아니었다. 바로 개근상이었다. 식상한 근면성보다는 톡톡 튀는 창의성이 대접받는 시대라서 그런가? 요즘은 체험학습이다 뭐다 하며 툭하면 학교에 안 가도 되니 개근상이 별 의미가 없는 것 같지만, 아무튼 내 어릴 적 개근상은 우등상보다 월등한 상이었다.

자랑처럼 들릴지 모르지만 나이 먹은 티를 내는 걸지도 모르지만 솔직히 이것만큼은 맘껏 자랑하고 싶다 24년 동안 나는 적어도 출근 시간과의 싸움에서만큼은 단 한 차례도 패하지 않았다.

정말 강박이라면 강박이 아닐까 싶기도 한데, 나는 언제나 행동이 빠르다. 미적미적대는 것을 참지 못하는 성격으로 사람을 만약 빠른 사람, 느린 사람으로 구분한다면 나는 아주 심하게 빠른 사람의 유형에 속한다. 어려서부터 지금까지 내가 늦장을 부려서 지각이나 펑크를 낸 기억이 없다. 빠른 성질 때문에 학교 다닐 때도 텅텅 빈 새벽 버스를 타고 학교에 갈 때가 많았다. 닫힌 학교 정문을 두드리면 수위 아저씨가 하품을 하며 '또 너냐?'는 눈빛으로 문을 열어주던 기억이 지금도 생생하다. 이런 내 성격은 집안 내력 탓이 큰데, 어머니를 비롯해 언니, 동생 모두 시간 약속에 늦는 법이 없다. 지금도 하다못해 가족들끼리 식사 약속이라도 하면 모두가 30분 전쯤에 다 도착한다.

약속 시간에 철두철미한, 나쁜 말로 조급하다 싶은 내 성격이 빛을 발한 게 방송국에 입사해서였다. 조급한 성질이 오히려 방송의 특성과 잘 맞아떨어져, 1분 1초가 생명인 방송에 있어 단 한 번도 시간에 늦어 문제가 된 적이 없었기 때문이다.

나는 24년 동안 거의 아침이나 새벽 방송을 주로 맡아했다. 따라서 다른 사람이라면 새벽에 일어나는 문제가 큰 숙제고 부담일 텐데 나는 알람이 울리는 바로 그 순간에 몸을 벌떡 일으킨다. 한 번도 잠에 취해 다시 버튼을 누르고 잔다든가, 이불 속에서 뒹굴며 늦장을 피운 적이 없었다. 그렇다고 일찍 자는 것도 아니다. 밤에 친구들과 만나는 것을 아주 좋아하는 편이라 일찍 잠들지 못하는데도 불구하고 알람이 울리는 그 시각엔 용수철처럼 벌떡 일어나는 것이다.

이처럼 시간 약속에 대해서만큼은 나는 별로 실수해본 적이 없다. 물론 내 깐깐한 시간관념이 마냥 좋은 것만은 아니라는 것을 나도 알고 있다. 몇 년 전까지만 해도 급하고 빠른 성격 탓에 스스로 화를 내는 일도 많았고, 다른 사람들과 갈등을 빚는 일도 많았는데, 예를 들어 직장 내에서의 일로 한정하면, 방송이란 게 어디 혼자 하는 일인가? 방송이란 늘 다른 사람들과의 협업일 수밖에 없다.

"내일 스케줄 빠듯하니까 한 시간만 일찍 나와서 녹음하자고."

다음날 빠듯한 시간 때문에 전날 분명히 약속을 하고 퇴근했는데, 다음날 나만 혼자 약속한 시간에 도착해 텅 빈 녹음실에 앉아 있는 기분이란……. 하다못해 시간 약속을 어기고도 우르르 같이 몰려들어온 이들이 겉으로는 미안한 척하면서도 '혼자 유별을 떨어요.' 하는 눈빛을 볼 때는 정말 화가 머리꼭대기까지 치밀어 올랐다. 그러나 거짓말쟁이들만 사는 왕국에 참말을 하는 사람이 가면 그가 거짓말쟁이라던가? 나 혼자 시간을 칼같이 지키고서도 화 한번 못 내는 억울함이란.

그런데 요즘은 내가 약속을 잘 지킨다고, 약속 잘 안 지키는 사람한테 화를 내진 않는다. 약속 어기는 사람을 못마땅하게 여기며 분한 감정을 키우다 보니, 결국 괴로운 건 나였다. 늦는 사람은 늦게 사는 데 별로 불편하지 않으니 계속 늦는 것인데, 결국은 짜증내는 나만 손해라는 생각을 하게 됐다. 시간과의 싸움에서 지는 사람들에게 속절없이 화를 내는 것만큼 바보스러운 일도 없지 않은가.

| 결국에는 시간과의 싸움이다 |

우리는 종종 세상은 공평하다고 착각하곤 한다. 하지만 세상은 불공평하다. 철부지 어린아이가 아닌 이상, 우리는 태어나면서 결코 같은 출발선에서 출발하지 못한다는 것을 잘 알고 있다. 엄청난 재력가의 자녀로 태어났거나, 비상한 두뇌를 갖고 태어났거나, 조각 같은 외모를 타고났거나 하는 이들은 솔직히 평범하게 태어난 이들보다 한참 앞에 놓인 출발선에서 인생이란 마라톤을 시작한다.

대여섯 살 코흘리개가 부모에게 물려받은 수백억 원의 재력이란 뉴스에 세상의 불공평함을 호소하는 사람은 아직 사회를 좀 더 경험해봐야 한다. 정말 세상은 불공평하다. 그것이 세상의 참모습인 것을 어쩌겠는가.

그럼에도 우리가 완전히 낙담하지 않고, 절망의 나락으로 떨어지지 않고 하루하루를 열심히 살아가는 이유는 무엇일까?

축복이라고는 받지 못하고 태어난 것 같아도 어쩌면 인생을 포기하지 않고, 하물며 멋진 인생을 꿈꾸는 이유는 무엇일까? 인생의 출발선에서 유일하게 공평하게 주어지는 이것이 있기 때문 아닐까. 이것만큼은 부자도 빈자도 왕자도 거지도 모두 똑같이 나눠가지고 태어나며, 이것이 선물하는 무한한 가능성에 따라 현실을 바꿀 수 있다는 희망을 가질 수 있기 때문이다. 맞다. 바로 '시간'이다. 시간이 있기에 우리는 절망 속에서도 희망을 품는다. 즉 우리가 부유한 부모, 뛰어난 머리와 외모 그 무엇도 없다면 붙잡아야 할 것은 단 하나, 시간이다. 시간은 누구에게나 공평하게 주어졌기에 반대로 노력 여하에 따라 불공평해질 수 있다. 알차게 보내는 24시간과 무의미하게 보내는 24시간의 그릇에 담기는 내용물이 같다면, 이거야 말로 정말 불공평하지 않겠는가.

"시간이 없어서요, 차가 막혀서……."

내가 세상에서 제일 듣기 싫은 말 중의 하나가 이 말이다. 차라리 깜박 속아 넘어갈 그럴듯한 핑계를 대든지. 핑계를 대는 사람이나 듣는 사람이나 교통체증이 문제가 아니라는 것을 뻔히 짐작한다. 교통체증이 어제오늘 일이었나? 약속 시간보다 몇 분만 서두르면 얼마든지 제시간에 도착할 수 있는데, 부지런을 떨 생각을 안 하고 기어코 약속 시간을 어기고 마는 것이다. 그뿐인가. 우리는 무슨 일을 제시간에 처리하지 못했을 때

신기묘산, 24년 직장 생활 노하우

도 역시 만만한 시간 핑계를 댄다. 그런데 정말 시간이 없어서 못하는 일이란 게 과연 얼마나 될까? 아마도 거의 없지 않을까? 차일피일 미루다 못하는 것일 뿐이다. 이처럼 우리는 시간과의 싸움에서 툭하면 지고 만다.

시간과의 싸움에서 패敗보다 승勝이 많은 사람이 인생에서 성공할 확률이 높다고 생각한다. '내가 오늘 허투루 보낸 하루가 어제 죽은 사람이 그토록 간절히 원하던 하루'였다는 유명한 격언처럼 직장 내에서 성공하는 필수적인 요소를 나는 '시간 엄수'라고 확신한다.

즐거움에서 열정이 나온다

WONDERFUL | PASSION

나는 요즘도 출근을 위해 새벽 4시에 일어난다. 그리고 밤 12시까지 분주하게 스케줄을 소화한다. 거의 1년 365일을 아니, 1년이 아니라 24년을 그렇게 살아왔다. 그래서일까. 주위 사람들은 나를 보고 늘 궁금해한다.

"대체 무슨 좋은 것을 먹기에 강철 체력을 유지하는 겁니까?"

백이면 백 내게 비장의 체력 유지 비결이 있다고 믿는다. 그러나 나는 내 몸 생각이라고는 해본 적이 없는, 몸에게는 참으로 미안한 '막돼먹은 영미 씨'이다. 꼬박꼬박 운동을 하는 것도 아니고, 남들은 봄가을마다 챙겨먹는다는 인삼, 녹용은커녕 여태껏 한약 한 첩 먹어본 적이 없다. 누군가 아침저녁으로 복용하면 좋다며 선물해준 비타민 영양제도 유통기한이 지나 쓰레기통에 버리니. 그렇다고 타고나길 강골로 태어난 것도 아니다. 언젠가 친구 따라 한의원에 갔다가 한의사한테서 들은 말이 아직 잊히지 않는다.

"티코 엔진에 그랜저 얹고 다니는 형국입니다."

체력은 약골인데 활동하는 것은 강골 같다며 신기하다나 뭐라나. 그만큼 기본 체력은 약한데, 독한 마음으로 버틴다는 이야기였다. 내가 봐도 좋은 체력은 아닌 것 같은데 20년을 넘게 무리하다 싶을 정도로 활동할 수 있었던 까닭은 글쎄, 무엇이었을까?

하루 24시간을 바쁘게 움직이면서도 쉽게 지치지 않는 까닭은 아무리 생각해도 그저 내가 즐겁고 재밌게 생활하기 때문인 것 같다. 딱히 다른 답이 없다. 사실 하루 동안 이런저런 곳을 돌아다니고 많은 사람을 많이 만나면 지치는 게 당연하고 또, 그게 정상이다. 내 주위의 또래 친구들은 장을 한번 보면 누워서 쉬어야 하고, 방송 한번 하고 나면 다른 스케줄은 잡을 엄두가 나지 않는다고 한다. 약속도 하루에 하나둘이면 더 이상 다른 약속은 못 잡게 된다고 하는데, 나는 방송 일까지 포함해서 하루에 보통 5개에서 심한 경우 7~8개의 약속을 소화하는 편이다.

나는 언제나 소풍 나온 어린애처럼 마냥 즐겁다. 내가 좋아서 하는 일이고, 내가 정한 약속이기에 불만이 있을 수가 없다. 지금 진행하는 아침 6시 50분의 '윤영미의 굿모닝 연예'와 얼마 전까지 했던 '접속 무비월드' 모두 너무너무 하고 싶었던 프로그램들이라 일이란 생각은 전혀 안 드니 당연히 힘들다는 느낌이 없다. 그러고 보면 내가 그다지 힘들어하지 않은 까닭은 내 적성이 아나운서라는 직업과 딱 맞아떨어진 이유가 크다고 할 수 있다.

그러나 현실적으로 직장 생활이 적성에 딱 들어맞는 경우는 거의 없다고 봐도 무방하다.

"아무래도 나는 직장 체질이 아닌가 봐."

신기묘산, 24년 직장 생활 노하우

회사 생활을 하다 보면 종종 듣게 되는 말인데, 신기하게도 이런 말을 하는 이들을 보면 하루 종일 피곤해한다는 것이다. 그렇다고 그들이 딱히 일을 신바람 나게 하는 것도 아니다. 일하기 싫은데, 해도 재미가 없는데 어떻게 일을 많이 할 수 있겠는가?

물론 직장 생활에 불평불만을 쏟아내는 이들 중에는 단지 일 자체가 싫은 나태한 사람들도 있다. 그러나 아침 9시에 출근해 저녁 6시에 퇴근하는 정확히 짜인 스케줄이 체질에 맞지 않는 이들도 있다. 다양한 성격의 직원들과 함께 어울리는 게 체질에 안 맞거나, 틀에 얽매이기보다는 자유로운 일에 더 적성이 맞는 이들 말이다. 자신의 본성과 하고 있는 일이 잘 맞지 않는, 이들은 불행할 수밖에 없다. 그러나 문제는 불행한 줄 알면서도 자신의 개성을 깨닫고, 정말 잘할 수 있는 일을 찾지 않은 채 평생을 "이 길이 아닌가 봐. 이 길이 아닌가 봐." 하는 푸념만 늘어놓으면 길은 끝나고 만다는 것이다. "이렇게 우물쭈물 살다가 내 인생 끝날 줄 알았다."는 버나드 쇼의 유명한 말도 있지 않은가?

강남에 '풍월당'이라는 유명한 클래식 음반점이 있다. 몇 년 전 풍월당이 강남에 들어섰을 때 많은 사람들이 고개를 갸우뚱했다. 요즘 클래식 음반을 사는 사람이 몇이나 되겠나? 비싼 임대료를 지불할 만큼 장사가 안 될 게 불을 보듯 뻔해 보였다.

그런데 이 클래식 음반점을 차린 주인이 정말 괴짜다. 그는 전직 의사 출신으로 잘나가던 병원을 운영하며 존경을 한 몸에 받고, 돈은 돈대로 포대 자루에 긁어모으던. 평소대로만 살면 부와 명예가 자연스럽게 따라올 터인데 그는 왜 갑자기 클래식 음반점을 냈을까?

그가 클래식 음반점을 차린 이유는 하나였다. 무슨 엄청난 사연이 있냐고? 아니다. 단지 그의 어릴 적 꿈이 클래식 음악을 실컷 듣는 음반점을 내는 것이었기 때문이었다. 일반 사람들이 들으면 정말 황당한 이유지만, 그는 꿈을 위해 많은 것을 감수했다. 알지 않은가? 명예도, 돈도 다 포기한다는 게 얼마나 힘든 일인지.

그는 음반점을 낸 이후로 그전까지 느끼지 못한 행복을 느끼고 있다고 자랑스럽게 말한다. 그는 요즘 클래식 마니아들과 교류를 나누고, 전문 지식을 바탕으로 일반인들에게 오페라 강의도 해 아주 유명한 오페라 강연가로, 클래식 음반점 주인으로 이름을 날리고 있다. 어디 그뿐인가? 유명 영화감독인 배창호 감독도 대기업을 다니다 영화에 대한 열정을 감출 수 없어 늦은 나이에 감독을 시작한 케이스다.

흔한 일은 아니지만, 잘 찾아보면 우리 주변에는 원치 않는 일을 하다가 뒤늦게 자신의 열망을 실현해, 작지만 행복한 삶을 누리는 이들이 있다. 내가 아는 어떤 어머니는 아들이 록음악을 좋아해 팝음악에 몰두하는 것을 보고 진지하게 대화를 나

눈 뒤 아들이 동경하는 미국의 전문 음악 대학으로 유학을 보낸 분도 있다.

자, 여기서 의문이 들 법하다. 유수의 대학을 나와 보란 듯 대기업을 다니는 많은 엘리트들이 왜 어느 날 갑자기 자리를 박차고 나가는 것일까? 글쎄, 공부에 쫓겨 진정으로 자신이 몰두할 수 있는 일이 무언지도 모르고 있다가 불현듯 깨달았기 때문이지 않을까? 어느 날 갑자기 자신의 인생이 너무 허탈하게 느껴지고 어디론가 멀리 도망치고 싶으면 어떻게 할까? 마음 둘 곳 없는, 갈 곳을 알 수 없는 자신의 허무한 인생을 탄식하게 되면 어쩔까?

모두가 선망하는 직업이라고 무조건 행복한 것은 아니다. 그보다는 일찌감치 나만의 재능을 발견하고 그 재능을 키워간 사람들이 돈과 사회적 지위를 떠나서 훨씬 더 삶의 행복 지수가 높다는 사실을 나는 분명히 믿는다.

| 하고 싶은 일을 하기에도 시간이 모자라다 |

열정이란 것은 누구에게나 있다. 다만 어떠한 이유로 스스로 누르고 있거나, 열정의 대상을 찾지 못하는 것일지도 모른다. 나는 내가 좋아하는 방송 일을 하니까 저절로 열정이 생겨 부지런을 떠는 것뿐이다. 만일 나도 내가 원치 않는 일을 하고 있다면 마지못해 끌려가듯 게으름을 피울지도 모른다. 플라톤은 말했다. '열정이란 갈망과 소유의 중간에 위치한 것으로 소유와 비소유의 궤도를 돌고 있는 것'이라고. 즉 어떠한 것을 갈망할 때 비로소 열정이란 게 생기는 것이다.

불광불급不狂不級 이란 말이 있다. 미치지 않으면 도달하지 못한다는 말이다. 무언가에 미쳐 열정을 불사를 수 있는 사람이 정말로 행복한 사람 아닐까? 그것이 동네 빵집이든, 자그마한 꽃집이든, 서점이든 혹은 백댄서이든, 자신이 좋아서 선택했다면 그것이 바로 성공이라고 생각한다.

누구나 부러워하는 번듯한 직업만이 성공은 아니다. 대학원까지 나와 전문직으로 일하던 여성이 일을 그만두고 아이를 키우며 행복을 느낀다면 그것 또한 최선의 선택이고 성공인 셈이다. 잘나가던 의사가 식당을 차려 행복해졌다면 그것이 성공이고, 승승장구하던 검사가 작은 서점을 내 그 속에서 충만한 행복감을 느낀다면 또 그게 바로 성공인 것이다.

그러나 현실은 안타깝기 그지없다. 대학에서 강의를 할 때면 대학 시절에 인생에서 가장 하고 싶은 일을 찾으라고 이야기할 때가 많다. 그런데 많은 학생들이 "하고 싶은 게 없다, 내가 하고 싶은 게 뭔지 모르겠다."라고 답한다. 그럴 때면 정말 안타깝다. 하고 싶은 게 없는데 어찌 열망과 열정이 생기랴? 목적지 없는 인생은 허망할 뿐이다. 아무리 뛰어난 인물이라도 목적이 없으면 방황할 수밖에 없다. 목표지점을 정하고 달리기를 해야지 목표지점이 없는 달리기는 힘만 빠질 뿐 결과가 없지 않을까?

난 늘 우리 아이들에게 귀에 못이 박히도록 이야기한다.

"너희들이 평생 동안 하고 싶은 일을 찾아야 해. 엄마는 너희들이 좋은 대학 가서 대기업 들어가고, 판사, 검사, 의사 되는 것만 바라지는 않아. 서점을 하건, 빵집을 하건, 연예인이 되건 그저 너희들이 신나게 할 수 있는 일을 하며 살면 좋겠어. 내가 먼저 신이 나야 돈도 벌고 그 분야에서 최고가 될 수 있단다. 꼭 최고가 안 돼도 좋으니 하고 싶은 일, 그러니까 자다가도 벌떡 일어날 수 있는 그런 일을 직업으로 삼아. 알았지?"

내가 방송 생활 24년 동안 지각, 결석 한 번 안하고 펑크 한 번 안 낸 것은 내가 부지런해서가 아니라 내 일이 너무 소중하고 신나고, 재미있기 때문이다. 내가 좋아하는 일을 하는 것, 그것이 인생에 있어 가장 행복할 수 있는 지름길이다. 그것은 일찍 찾으면 찾을수록 유리하다. 나는 다행히 초등학교 3학년 때 학교 방송을 하면서 이것이 나의 천직이라고 정해버렸지만 그렇지 못한 경우에는 부모가 옆에서 여러 가지 길을 제시해주면서 나아갈 방향을 잘 인도해야 한다. 다양한 삶의 형태를 보여주고, 경험을 쌓게 해주면서 어느 길이 내게 가장 잘 맞는 길인지 스스로 깨닫게 해주는 것, 그것이 값비싼 과외를 시켜주는 것보다 백배 낫다고 믿는다.

SBS 회장님께 먼저 말 걸다

WONDERFUL | PASSION

엘리베이터는 참 이상야릇한 공간이다. 친한 사람과 만나면 반가움에 인사를 주거니 받거니 하지만, 전혀 모르는 사람과 함께 타면 그보다 어색한 공간이 또 없다. 서로가 소 닭 보듯 어떻게든 눈을 마주치지 않으려고 갖은 애를 쓴다. 그런데 엘리베이터에서 제일 난감한 경우는 바로 어정쩡하게 아는, 혹은 대하기 어려운 사람과 함께 탈 때이다!

짧은 목례로 알은척을 하고 난 후, 눈을 어디에 둬야 할지 몰라 그냥 멀뚱히 앞만 뚫어져라 볼 수밖에 없다. 방송국 같으면 엘리베이터 안에 설치된 텔레비전을 멍하니 쳐다보곤 하는

데 결국 땡! 벨소리가 나는 순간, 황급히 엘리베이터에서 도망칠 수밖에 없다.

나는 엘리베이터에서 방송국 임원이나 상사 같은 어려운 분을 만나도 조금은 다르게 행동한다. 우선 일단은 큰 소리로 활짝 웃으며 인사를 건넨다.

"안녕하세요?"

여기까지는 다른 사람들도 거의 대동소이하다. 다만 그다음에 입에 지퍼를 채우는지, 아니면 말 보따리를 풀어놓는지가 다르다. 나는 일부러라도 친근감 있게 말을 건넨다. 그 대상은 방송국의 최고 어르신인 회장님이라고 예외는 없다.

"어머, 회장님. 오늘 매신 넥타이가 눈에 확 들어오는데요?"

"오늘 혹시 제 방송 보셨어요? 예쁘게 나왔나요? 모니터 좀 해주세요!"

어려운 분에게 스스럼없이 대하는 내 모습에 같이 엘리베이터를 탔던 사람들 중 어떤 이들은 뻔뻔하다고 비꼴지도 모른다. 그러라지 뭐. 하지만 내게 특정한 목적이 있는 것도 아닌 바에야 나는 그게 상대방을 위한 배려라고 믿는다. 서로가 어색해하는 공간 속에서 '내가 먼저 말을 걸까? 아니야, 그냥 가만 있자. 아, 그런데 정말 답답해……' 하고 머릿속에서 생각만 팽팽 돌리지 않고, 그냥 내가 먼저 손을 내미는 것뿐이다. 그렇게 상대방이 먼저 말을 걸어주기만을 바라는 이기심을 버리면, 참 놀라운 일이 발생한다. 상대방 역시 인사치레라도 반갑게 대꾸를 해주는 것이다.

"윤영미 아나운서는 갈수록 예뻐지는 것 같아요. 비결이 뭐예요?"

한번은 내 너스레에 회장님이 친근하게 말씀을 하시는 게 아닌가? 내가 뭐라고 대꾸했는지 아는가? 예의 차린답시고 부정하지 않고 즐겁게 말을 받았다.

"어머, 그렇게 보이세요? 좋아하는 일 하고, 매일매일 신나게 사니까 그런가 봐요!"

우리들이 흔히 실수를 범하는 표현 중의 하나가 '칭찬을 부정하는 것'이 아닐까 싶다. 내 생각에 그것은 겸손이 아니라 제대로 감사할 줄 모르는 일이다. 칭찬하는 사람은 기껏 생각해서 칭찬하는데 듣는 사람이 예의를 차린답시고 "아니에요."라고 답변을 하면 상대방은 멋쩍지 않을까? 물론 100% 진실한 마음으로 칭찬하는 건 아니겠지만 예뻐졌다는데 본인이 극구 부인하는 것은 지나친 겸손인 듯하다.

특히 우리는 아이를 두고 이런 실수를 많이 한다. 누군가 내 아이를 칭찬하는 소리에 "아유, 아니에요. 착하긴요, 얼마나 속을 썩이는지 말도 못해요."라거나 "공부요? 지 애비 닮아서 공부하고는 담을 쌓았어요."라고 한다면 그건 칭찬에 대한 배신이자 자녀에게는 큰 상처가 된다. 그럴 때는 "감사합니다, 애가 요즘 부쩍 공부를 열심히 하네요, 지가 알아서 척척 해주니, 얼마나 맘이 놓이는지 모르겠어요." 하면 칭찬을 감사히 받아들이니 좋고, 자녀도 으쓱해 더 열심히 공부할 수 있는 계기가 되지 않을까? 부모가 믿어주고 칭찬하는 것만큼 자녀에게 힘이 되는 길이 또 있을까 싶다.

나는 그냥 스쳐 지나가는 칭찬이라도 뻔뻔하게(?) 꼭 고맙다고 말하고 수긍한다. 그래야 칭찬이 다소 과장되었다고 하더라도 비로소 그 칭찬이 내게 적용된다고 믿는다. 나 자신이 나를 긍정적으로 바라보고 자신감을 가질 때, 내 자신이 더욱 빛나고 내가 가진 것 이상의 능력이 배어 나온다고 믿는 것, 글쎄 나의 장점일까, 아님, 어리석음일까?

| 예가 무거우면 과례가 된다 |

친하지 않은 사람에게 먼저 말을 걸기란 참 어려운 일이다. 그러나 누구나 상대방이 먼저 다가와 주길 바란다.

중요한 것은 먼저 말을 붙이는 자가 용기 있는 자이고, 대화를 주도하게 된다는 것.

특히 직장 상사나 높은 위치에 있는 분들은 권위를 지키기 위해 일부러라도 근엄함을 유지하려고 한다. 그렇기에 진실한 마음으로 사람을 만나기가 무척 어렵다. 부담스러운 청탁을 하러 오거나, 잘 보이기 위해 애쓰는 사람들에 둘러싸여 어쩌면 가장 외로운 위치에 있는 것이 아닐까 싶다. 높은 산이 가장 뾰족한 것처럼.

내가 높은 양반들에게 스스럼없이 먼저 말을 거는 것은 이 때문이다. 잘 보이기 위해서가 아닌, 그들의 외로운 틈을 잠깐이나마 메우고, 작은 위로의 시간이 되어 드리고자 철없이 먼저 말을 건다. 한번은 엘리베이터에서 회장님을 만났는데, 마침 매년 회사에서 선물로 주는 쌀 한 가마니 얘기를 꺼냈다.

"회장님이 주시는 쌀 덕분에 제가 이렇게 튼튼해요, 쌀이 아주 좋던데요?"

그날 간부회의에 참석하고 돌아온 팀장님이 이렇게 말하는 것이었다.

"회장님께서 직원들이 쌀 선물을 아주 좋아하는 것 같다며 무척 뿌듯해하시더라구. 그런데 누가 그런 얘기를 했지?"

내 딴에는 엘리베이터 안에서 분위기 전환용으로 했던 말이 그날 간부회의를 아주 화기애애하게 했다는 말에 나는 속으로 흐뭇하게 웃었다. 이렇듯 진심이 담긴 솔직한 말 한마디는 우리를 잠시나마 딱딱한 일상에서 해방시킬 수 있다. 부드럽게 분위기를 유도하는 윤활유 같은, 혹은 창가의 자그마한 화분 같은 것이 아닐는지…….

신기묘산, 24년 직장 생활 노하우

로비하지 않는 로비, 진심이 담긴 로비

대한민국에서 한 여성이 20년이 넘는 시간 동안 직장 생활을 지속했다면, 그녀에게는 자신만이 가진 직장 생활 노하우가 반드시 하나둘은 있게 마련이다. 여자 아나운서 24년차인 나 역시 나만의 노하우가 있다. 물론 노하우라고 해서 거창한 것은 결코 아니다.

나는 결코 출세욕에 불타거나, 누구에게 잘 보여 이득을 취하려고 애쓴 적은 없다. 나는 이게 바로 내 20년 직장 생활의 노하우가 아닐까 싶다. 사실 정확히 말하면 난 그렇게 하고 싶어도 잘 안 되는 타입이다. 잘났다는 소리가 아니라 어떻게 보면 못났다는 소리이기도 하다. 어쨌든 성공이라는 잣대에서만 본다면 나는 그다지 뛰어난 능력을 발휘하는 아나운서는 아니니 말이다. 나는 성격이 즉흥적이고, 좋고 싫은 감정이 몽땅 다 얼굴에 나타나기 때문에 일부러 잘 보이려 표정을 만들거나 하면 금방 얼굴에 티가 나서 감정을 속일 수가 없다. 그래서 앞에서 갖은 감언이설을 떨고, 뒤에 가서 욕하는 건 정말 내 스타일이 아니다.

그럼에도 내가 이런 내 성격을 노하우라고 당당히 말할 수 있는 것은 내가 초심을 잃지 않았기 때문이다.

모든 일에서 그렇듯 첫 출발에서의 마음가짐이 중요하다. 나는 아나운서로서 방송을 하고 싶었지, 출세해서 부장, 상무가 돼 명예를 얻고 싶은 그런 욕심은 없이 출발했다. 나는 높은 자리에 올라 관리업무를 맡는 임원이 되는 것보다는 낮은 지위라도 즐겁게 방송 현장에서 노는(!) 게 훨씬 더 좋았다. 그러니 여느 남자들처럼 상사들과 어떻게든 술자리를 가지고, 술을 빌어 친해지려 노력하지도 않는다.

그러나 내가 그런 꿈이 없다고 해도 엄연히 직장 생활이기에 많은 부분 부딪힐 수밖에 없는 게 또한 현실이다. 그럴 때는 나도 어쩔 수 없이 로비를 할 수밖에 없다. 다만 나쁜 의미에서의 뒷거래가 아닌, 바로 진심이 담긴 애교 있는 로비 말이다.

여자는 여자이기에 어쩔 수 없는 단점도 많지만, 비례해서 여자이기에 가지는 장점 역시 무궁무진하다. 남자라면 오히려 엄두도 못 낼 일을 나는 여자이기에 겁 없이 시도해볼 용기가 나기도 한다.

1996년 내 늦깎이 결혼식 때였다. 결혼식을 앞두고 한창 사내에 청첩장을 돌리는데 문득 회장님께는 어떻게 해야 하는지 고민이 됐다. 엘리베이터에서 만나면 반갑게 알은체를 했지만, 청첩장까지 드려도 되는지 망설여졌다.

'그래도 직장에서 가장 위에 계시는 상사이자 존경하는 경영자이신데 결혼을 알려드리는 게 예의가 아닐까?'

나는 혼자 생각을 정리하고는 쇠뿔도 단김에 빼랬다고 과감하게 회장실로 가서 문을 두드렸다.

"제가 결혼하게 돼서 회장님께 청첩장을 드리려고 왔습니다."

"네? 회장님께 직접이요?"

청첩장 가지고 왔다는 소리에 당황하던 비서의 얼굴이 아직도 잊히지 않는다. 우물쭈물하던 비서가 이내 인터폰을 넣어 회장님께 용무를 말하자 안에서 들어와도 좋다는 허락이 떨어졌다. 엘리베이터에서 만날 때면 반갑게 인사를 했지만, 나 역시 회장실까지 찾아간 적은 없었기에 솔직히 무척 떨렸다. 그래도 나쁜 짓해서 불려온 것도 아니기에 나는 당당하게 회장실로 들어가 용무를 말씀드렸다. 회장님 역시 처음에는 깜짝 놀라는 표정이시더니, 이내 받아든 청첩장을 꼼꼼하게 확인하시고는 무척 반가워하셨다. 그러고는 노처녀 아나운서의 결혼을 진심으로 축하해주셨다.

"꼭 행복한 가정 이루세요. 결혼했으니 방송 생활 더 열심히 하시구요."

"네. 알겠습니다!"

나는 회장님의 덕담에 우렁차게 대답하고는 회장실을 빠져나왔다. 사무실로 되돌아와 '혹시 내가 괜한 일을 한 것은 아닌가?' 하고 걱정을 하기도 했지만, 내가 진심으로 행동한 일이었으니 후회를 할 필요는 없었다.

바쁜 결혼 준비에 회장님과의 일은 까맣게 잊어버리게 됐는데, 결혼식 당일 깜짝 놀라고 말았다. 회장님께서 비서실을 통해 개인적으로 거금 100만 원을 축의금으로 보내오신 게 아닌가! 1996년이니 당시 100만 원은 굉장히 큰돈이었다. 나중에 알고 보니 일개 평사원으로 청첩장을 들고 회장실을 방문한 사람은 내가 최초였고, 또 그래서 회장님이 너무 기분이 좋아 100만 원이란 돈을 축의금으로 선뜻 보내주셨다는 이야기였다. 직접 축의금을 받은 사람도 내가 처음이라나?

돈이 문제가 아니라 철없는 용기랄까? 내 딴에는 약간의 배짱과 좋은 뜻으로 회장실을 방문했는데, 그것이 회장님과의 자그만 커뮤니케이션을 가져온 결과였다는 말이다.

내 이런 무모한 용기가 어찌 회장님에게만 통용되겠는가!

✤

오래 전 아나운서 팀이 속한 편성본부의 본부장을 역임하셨던 오효진 본부장님과도 나는 계급, 나이를 떠나 정말 친하게 지냈다. 본부장님은 방송 외에도 시를 쓰시고 칼럼을 쓰시는 로맨티스트인데, 내가 야구 중계를 했던 과정을 높이 평가해 늘 사무실 탁자에 내가 신문에 났던 최초의 여성 야구 캐스터 관련 기사를 붙여놓고는 자랑을 하시던 분이다.

직책이 직책이니만큼 모두가 어려워했던 그분 사무실에 나는 수시로 드나들며 차 한 잔을 마시며 담소를 나누곤 했다. 그냥 화장실 가다가 쓱 들여다보고 한가한 시간인 것 같으면 "차 한 잔 주세요!" 하고 들어가 이런저런 얘기를 두런두런 나눴다. 그것이 출세욕에 불타 어떻게든 가까이하려는 의도였다면 그런 마음은 다 전달되기 마련이다. 사람은 영적인 존재이기에 상대의 마음을 어느 정도 읽을 수 있다고 본다. 누가 나를 진심으로 좋아하고 싫어하는지, 우리는 순간순간 느낄 수 있지 않던가?

| 상 대 방 의 마 음 의 문 을 여 는 제 1 법 칙 은 진 실 성 이 다 |

스피치 제1의 원칙은 바로 진심이다. 아무리 듣기 좋은 이야기도 진심이 아니면 그것은 바람직한 스피치가 아니다. 내 행동이 출세욕이었다면 내가 아무리 노력을 했어도, 그분들 스스로 옆자리를 내주시지 않았을 게 분명하다. 단지 내 행동이 호감에서 비롯된 것이었기에 내 행동이 인정을 받았던 것이다.

진심으로 상대방을 대하면, 어느 순간 상대방도 나를 진심으로 대하는 것을 느낄 수 있다. 아무리 보기에 그럴듯한 관계라도 진심이 없다면, 그것은 빛 좋은 개살구에 불과하다. 우선 나의 진심을 보여라. 그다음 상대방에게 맡겨라. 내 진심이 통하지 않는 상대라면 깨끗하게 단념하면 그만이다. 먼저 진심도 보여주지 않으면서, 상대방이 진심을 보여주지 않는다고 투정하지 말라.

잘난 것 없는 것이 나의 장점

WONDERFUL | PASSION

백설 공주 이야기를 잠깐 해보자. 계모가 딸을 죽이려고 갖은 수를 쓰고, 친부마저 암묵적으로 동참하는 이 비극(?)적인 사건의 원흉은 대체 누굴까? 당연히 공주병 왕비면서 공주병이라니! 에 걸려 세상에서 자신이 제일 예쁘다고 믿는 계모 왕비라고 공부해 왔으니 그렇게 생각할 것이다. 그러나 여기서 잠깐! 방향을 살짝 틀어보면 어떨까?

버르장머리 없는 마술거울 녀석이 이전처럼 "네, 왕비님이 세상에서 제일 예쁩니다." 하고 말했으면 그만일 일이었다. "저는 거짓말이란 하고 싶어도 못 한답니다." 며 고지식하게 백

설 공주를 걸고넘어지지만 않았다면 말이다.

사실 나는 왕비가 거울에게 물었을 때, 당연히 거울은 왕비에게 "네가 제일 예뻐."라고 대답했어야 한다고 생각한다.

우리를 돌이켜보자. 세상에서 내 얼굴을 제일 멋있게 보는 사람은 누구일까? 답은 바로 '나 자신'이지 않은가? 아무리 얼굴이 흉측한 사람이라도 자기 얼굴이 어느 때는 멋져 보이는 법이다. 왜냐고? 자신의 얼굴에 익숙해졌기 때문이다. 바꿔 말하면 단점을 보지 못한다는 소리이기도 하다. 즉 거울 앞에 선 순간, 세상에서 제일 멋진 사람은 바로 거울 앞에 선 사람이 되어야 한다. 그게 바로 나르키소스의 비극이 아니던가?

"나는 얼마나 능력이 있는가? 나는 얼마나 남보다 잘났는가?"

우리는 이 질문에 객관적인 답을 내릴 수 없는, 마치 거울을 바라보는 슬픈 운명인지도 모른다. 대부분은 자신의 능력을 과장하기 때문이다. 마치 백설 공주의 계모처럼 말이다. 우리는 단지 세상이 내 능력을 알아주지 못할 뿐이라고 오늘도 푸념을 늘어놓고 있지 않은가?

나는 오늘 하루 동안 10년 후의 멋진 꿈을 위해 최선을 다했는가? 물론 그렇다고 대답하는 사람도 있을 테고, 아니라고 말

신기묘산, 24년 직장 생활 노하우

하는 사람도 있을 거다. 그러나 이런 질문을 이틀 사흘 간격으로 하면 어떻게 될까? 그렇다고 대답할 수 있는 사람이 얼마나 될까?

세상 대부분의 사람들은 그날그날을 살아내기에 급급할 뿐이다. 솔직히 하루하루 발전을 꾀하며 앞날을 준비하고 치열하게 사는 사람이 몇 명이나 될까? 소위 해당 분야에서 입지전적인 성공을 이룩한 몇몇의 인물들이나 "10년 후를 꿈꾸며 인내하며 애쓰고 노력했다."라고 당당히 말하지, 우리 일반 평민들은 그게 맘대로 되지는 않는다는 거, 너무나 잘 알고 있지 않은가? 오늘 하루 할 일에도 마냥 치여서 허덕이며 사는 게 평범한 우리네 삶 아니겠는가?

나 역시 1년 후, 5년 후, 10년 후를 꿈꾸며 살지만, 그 먼 앞날을 위해 오늘 하루하루 착실하게 계획적으로 살지는 못한다. 목표 달성을 위해 허리띠 질끈 동여매고 뛰는 사람은 못 된다는 얘기다. 연초에 한 해의 계획을 적어놓고 이를 악물며 결심하지만 이루는 것보다는 이루지 못하는 게 훨씬 더 많다. 오히려 장기적인 계획을 세우고 차근차근히 자기 발전을 꾀하고 저축이라도 열심히 했더라면 지금쯤 얼마나 내 생활이 윤택해졌을까 아쉬워하곤 하니까.

예를 들어, 24년 전 입사하는 그날 30년짜리 장기 저축을 들었다면 지금 내 통장에는 꽤 큰 목돈이 들어 있을 텐데…… 또 방송 전문성을 키우기 위해 20년 이상을 한 분야에만 매진했다면 지금쯤 한 분야의 박사가 되어 있을 텐데, 하고 후회를 하곤 한다. 아나운서는 두루두루 여러 분야에 대해 폭넓은 지식을 갖고 있어야 하지만 오랫동안 시청자들에게 각인될 수 있는 방송인이 되려면 어떤 한 분야, 경제라든가, 정치, 문화, 연예 등등 자신만의 영역을 확고히 다져놓는 것도 큰 보탬이 되기 때문이다.

나는 겸손한 체하는 게 아니라 정말 잘난 것이 없음을 잘 알고 있다. 나 역시 의도적으로 롤 모델을 정해 닮으려 노력한 적도 많았다. 책을 읽거나 영화를 보며 주인공의 근사한 삶을 부러워하며 나도 저렇게 멋지게 살아야겠다며 굳은 결심을 하지만 작심삼일이란 말처럼 아주 잠시 잠깐 흉내만 내다 말 뿐이다. 왜냐고? 근본적으로 내 삶은 그대로이기 때문이다. 어제와 같고, 오늘 역시 또 오늘의 나이기 때문이다. 다만 오늘보다 좀 더 나은 나를 바라며 작은 노력을 기울일 뿐이다. 아침 출근길에 오늘 하루, 무사히 행복하게 살게 해주십사 기도하며 하루를 시작할 뿐이다. 그리고 매 순간 한 번 더 생각하고 행동하려 애쓸 뿐이다. 워낙 성격이 급해서 말이나 행동을 하고 나서 후회하는 일이 많다 보니 조화석습朝花夕拾, 그러니까 아침에 떨어진 꽃을 저녁에 줍는다는 말처럼 좀 더 신중히 생각하고 움직이고 반응하려 노력한다는 말이다.

이렇게 잘난 것이 없는 내가 24년 동안 그래도 꾸준히 직장

신기묘산, 24년 직장 생활 노하우

생활을 영위했던 까닭은 무엇일까? 바로 내가 잘난 것이 없다
는 것을 잘 알고 있었기 때문인지도 모른다.

우리는 자신을 너무 과대평가하는 단점이 있다. 그렇기에
당장 월급이 적은 직장을 참지 못하고, 일이 힘든 직장을 참지
못한다. 어떤 일에도 좋은 점은 있게 마련인데 말이다. 스스로
잘났다고 생각하는 사람은 눈앞에 있는 것에 현혹되기 쉽다.
그렇기에 쉽게 포기하고 자기 잘난 맛을 찾는다. 뭐든지 10년
동안 다지는 기간을 못 참고 중간에 다른 길을 택하기 쉽다. 무
슨 일이든 10년은 해야 성숙되고, 20년째는 발휘되고, 30년이
되면 확대된다는 이야기도 있지 않는가.

나 역시 잘난 것이 없기에 하루하루 열심히 직장 생활을 할
수밖에 없었다. 잘났다고 생각했으면, 다른 길을 모색하느라 머
리에 쥐가 났을지도 모를 일이다. 그런데 직장 생활이 10년이
넘은 어느 날, 이제껏 보이지 않던 나만의 능력들이 조금씩 보
이기 시작했다. 나는 여전히 다른 사람들보다 뛰어나지는 않지
만, 나만의 개성과 장점으로 단점을 보완할 수 있었던 것이다.

솔직히 우리는 인정해야 한다. 우리가 정말 잘난 게 별로 없
다는 것을. 그것부터 인정하고 시작해야 조금이나마 성공할 수
있는 가능성을 엿볼 수 있지 않을까?

계속 공부하는 이, 이길 수 없다

백척간두百尺竿頭에서 진일보進一步라는 말이 있다. 더 이상 걸음을 내딛을 수 없는 깜깜 절벽, 그곳에서 한 걸음 더 나아가는 것. 깨달음이란 그러한 수행의 자세에서 온다고 한다.

나 역시 프로야구 캐스터로 활동할 때 비슷한 경험을 한 적이 꽤 있다. 신기하게도 똑같은 훈련을 하는데도 최고의 실력이라고 인정받던 선수들이 오히려 더 열심히 훈련을 하는 게 아닌가! 마치 실전을 방불케 하는 긴장감으로, 배트를 한 번 휘둘러도 혼신의 힘을 쏟는 것이었다. 또한 다른 선수들이 훈련을 끝내도 자신이 미진한 부분이 있으면 일부러 남아 훈련을 더 하는 모습을 종종 보고는 했다.

'실력이 이미 월등한데도 왜 저렇게 더 열심히 하지?'

남들보다 월등한 실력이니 좀 쉬어도 누가 뭐라 그럴 사람도 없었다. 그럼에도 이마에서 굵은 땀방울을 뚝뚝 흘리며, 힘이 들어 얼굴에 굵은 주름살을 지으면서도 이를 악물고 휘두르는 배트. 그들은 알고 있었던 것이다. 한 번만 더 하면 죽을 것 같을 때, 비로소 그걸 넘어서는 노력. 그때의 한 걸음이 이전까지 내딛은 한 걸음과 결코 같지 않다는 것을 말이다. 훈련이 거듭될수록 어떤 놀라운 파워풀한 힘이 한순간 일정 수준에 다다르게 되면, 같은 강도 같은 시간의 훈련이라도 그 효과는 너무나 다르다는 것을. '도약'이라고 해야 할까? 시간과 강도를 넘어서는 설명할 수 없는 이치, 바로 까마득히 높은 장애물을 순식간에 넘는 것과 마찬가지다.

직장 생활에서 성공하는 사람과 실패하는 사람의 차이는 뭘까? 나는 학교를 졸업하며 배움이란 공부가 끝났다고 여기고, 직장이란 단지 돈을 벌기 위한 밥벌이의 수단이라고 생각하는 사람들은 직장 생활에서 실패할 수밖에 없다고 확신한다.

오늘날의 직장은 그 어느 곳보다 생존 경쟁이 치열한 전쟁터 그 자체다. 좋은 대학교에 합격하기 위해 코피 터지게 공부하던 고등학교와, 좋은 직장에 입사하기 위해 음주, 연애를 마다한 대학교 때보다 오히려 직장은 생존과 직결되기에 더 중요하다. 대학교를 졸업해 직장에 들어서는 순간, 본격적으로 배움의 터전에 들어선 것이다. 회사의 로비에 들어서는 순간, 내가 언제든 뒤처질 수 있다는 위기감을 항상 가져야 한다. 그렇기에 이제 비로소 본격적인 배움의 시작인지도 모른다.

그렇다면 이렇듯 빠듯한 직장 생활 속에서 어떻게 배움의 과정을 지속할 수 있을까? 이에 관해 서점에 나가면 많은 책들이 많은 이야기를 하는 것을 볼 수 있다. 점심 시간에 짬을 내 공부를 하거나 운동을 하라는 대체 밥은 언제 먹고? 조언부터, 퇴근 후 동료들의 술 한잔하자는 권유가 악마의 유혹이니 점잖게 사양하고 자기 계발을 하라는 조언까지 그야말로 방법도 다양하다. 이 자리에서 맞다 틀리다 단정할 수는 없겠지만, 내가 볼 때는 자신의 적성에 맞는 것을 골라 실행하면 될 일인 것 같다.

내가 생각할 때 직장에서 가장 효과적으로 배울 수 있는 방법은 '사람' 그 자체가 아닐까?

나는 직장 생활 24년차인 지금도 뛰어난 선배, 후배, 동기에게 무수히 자극을 받는다. 그때마다 '그래, 너 잘났다!'라고 시기하기보다는 이를 악물고 열심히 배우려고 노력한다. 그만큼 내가 부족한 부분을 느끼게 해주는 고마운 이들이라 여긴다.

그다지 창피한 일도 아니다. 방송국 아나운서실은 소위 남들보다 잘났다는 인재들이 우르르 모여 있는 곳이다. 어렸을 적부터 요샛말로 엄친아엄마 친구 아들, 엄친딸엄마 친구 딸 아닌 아나운서를 찾아보기가 힘들 정도다. 준수한 외모와 실력은 기본이

신기묘산, 24년 직장 생활 노하우

고 한두 가지 특별한 재주를 누구나 가지고 있다. 그런데도 그들은 지금도 꾸준히 무언가를 열심히 배우고 노력하고 있다. 영어 회화가 원어민 수준인 아나운서가 오히려 남들보다 더 열심히 영어 공부를 하고 있고, 체육학과를 나온 아나운서가 더 열심히 운동을 한다. 박학다식하기로 소문난 아나운서는 이름도 낯선 여러 전문 서적을 옆구리에 끼고 산다.

그들에 비하면 나는 정말 가진 것 없고 보잘것없는 사람이라는 위기의식. 그게 나를 항상 깨어 있게 하는 자양분인 것이다.

직장에서 나를 항상 발전시킬 수 있는 방법은 의외로 간단하다. 롤 모델을 정하라. '그냥 열심히'가 아니라 '누군가처럼 혹은 누군가보다 더 열심히' 할 수 있게 노력하라는 것이다. 이것은 엄청나게 다르다. 노력이라는 화살을 쏜다고 생각해보자. 전자가 허공에 화살을 날리는 것이라면, 후자는 과녁을 향해 화살을 날리는 것이다. 그만큼 목표의식이 다를 수밖에 없다.

| 우물에 갇힌 개구리가 되지 말자 |

요즘은 많은 직장 여성들도 퇴근 후의 시간에 신경을 쓰고 있다. 부족한 외국어 실력을 위해 학원에 가고, 자격증을 따기 위해 노력하거나, 아니면 취미 생활을 위해 다양한 활동을 하고 있다.

그러나 아직도 많은 여성들이 '집 - 직장 - 집'이라는 쳇바퀴를 돌고 있는 것도 분명하다. 물론 가정이 있고, 아이들 양육을 위해 어쩔 수 없는 이들도 있겠지만, 정작 "뭔가를 하고 싶은데 뭘 해야 할지 잘 모르겠다."는 이들도 많다.

이들이 가장 필요한 게 바로 자극을 받는 일이다. 좁은 우물 안에 있으면 내가 보는 푸른 하늘이 세상의 모든 것이라고 착각할 수밖에 없기에 우물 밖을 넘어가려고 노력해야 한다.

나는 일부러 항상 나 자신을 자극주기 위해 노력한다. 직장 내에서의 만남뿐만 아니라 방송 외의 사람들과 인간관계를 넓히며 시야를 넓히려고 많은 노력을 기울이는 것도 그 이유에서다. 나는 정말 다양한 분야의 사람들과 만나려고 노력하는데, 어제 기업계 쪽 사람과 만났다면 오늘은 문화계 쪽 사람과 만나려고 애를 쓴다. 다양한 삶을 살며 그 삶이 가진 고민과 노하우를 터득한 사람을 만난다는 것은 그만큼 많은 자극을 받을 수 있는 좋은 기회이기 때문이다. 내가 어떻게 하면 저 사람의 저런 좋은 점을 따라할 수 있을까?, 생각하고 노력하는 것. 그 생각을 하는 것조차 배움의 과정에 있는 것이다.

나는 요즘도 꾸준히 공부를 지속하고 있다. 최근에는 춤과 와인 그리고 요리, 플라워 데코레이션, 그림 공부에 빠져 있다. 물론 지금 내가 배우고 있는 일들이 당장 시급하게 필요한 일들은 아니다. 열심히 배워 그와 관련된 사업을 차근차근 계획하고 있는 것도 딱히 아니다. 그럼에도 나는 정말 열심히 재밌게 배우고 있다. 배움이란 것은 꼭 필요해서 하는 것이라는 생각 자체가 배움의 영역을 좁게 만들어버린다. 다만 나는 관심가는 분야가 있으면 두 팔을 걷어붙인다. 지금은 모르지만, 언젠가 내 배움이 어떤 식으로 나를 살릴지 어떻게 알겠는가?

다른 어느 곳이 아닌, 지금 여기가 백척간두이다. 우리에게 내일은 없다. 오직 지금과 여기가 있을 뿐이다. 내일을 기약해서는 안 된다. 오늘 이 순간, 깨어 있는 정신으로 직시하며 묵묵히 코끼리 걸음으로 한 발 한 발 앞을 향해 걸어가야 한다.

돈을 원한다면 돈을 향해 뛰어라!

평생 동안 가면을 만든 사람이 있었다. 그런데 이 사람이 만든 가면을 쓰면 가면이 얼굴에 달라붙어서 본 얼굴이 된다는 소문이 돌았다. 그러자 돈은 얼마든지 줄 테니 아름다운 가면을 팔라고 조르는 사람들이 많이 생기게 됐다. 다들 자기의 얼굴을 아름답게 고치기를 바라는 사람들이었다.

이 소문은 드디어 임금님 귀에까지 들어갔고, 임금님이 그를 불러들여 물었다.

"나한테 너의 가면 하나를 줄 생각은 없느냐?"

"이미 가면을 쓰고 계시면서 무얼 또 쓰시겠다는 말입니까?”

임금님이 가면 만드는 사람의 대꾸에 크게 화를 냈다.

“내, 내가 가면을 썼다고?”

“임금님께서는 때때로 마음과는 반대의 얼굴 표정을 하지 않습니까? 그것이 가면이 아니고 무엇입니까?”

그의 대답에 임금님이 껄껄 웃으면서 반문했다.

“네 말도 옳다. 그런데 너는 그럼 사기꾼이지 않느냐?”

“아닙니다. 저는 가면을 원하는 사람들한테 아름다운 가면을 쓰려면 좋은 마음을 3년 내내 쓰고 난 후에 오라고 합니다. 그러면 얼굴이 그렇게 변하니까요. 후일, 저는 가면을 씌우는 흉내를 낸 다음에 이런 부탁을 합니다. 아름다운 가면이 흉하게 변할 수도 있으니 마음을 바르게 쓰고 살라구요.”

어느 책에서 읽었던 얼굴에 뒤집어쓰고 있는 가면에 관한 우화의 한 대목이다. 우리는 누구나 얼굴에 가면 하나를 쓰고 살아간다. 특히 많은 사람들이 선량한 가면을 쓰고 살아간다. 그래서 종종 사회적으로 도덕적인 이미지를 자랑하던 인사의 검은 치부가 드러날 때 큰 놀라움을 안겨준다. 그러나 따져보면 그렇게 놀라운 일도 아니다. 본 얼굴에 맞지 않는 가면을 쓰고 살다가 너무 갑갑해 잠깐 벗어놓았다가 들통이 나는 경우일 뿐이니. 반대로 착한 사람이 어쩌다 흉악한 가면을 쓰는 경우도 가끔은 있게 마련이다. 우리는 그럴 때, 세상이 착한 사람을 버려놨다고 말하고는 한다.

우리는 가면을 쓰고 살아갈 수밖에 없다. 꼭 부정적인 말도 아니다. 가면을 쓰고 살아가지 않으면, 이 사회가 그나마 제대로 굴러갈 수 있을까 싶다. 서로의 욕망이 적절한 숨김 없이 날것으로 부딪친다면 그 사회는 아비규환이지 않을까.

그럼에도 나는 우리가 너무 많은 가면을 쓰고 있는 것은 아닐까 생각한다. 특히 그중에서 자신이 원하는 게 있는데도, 자신이 진정으로 바라는 꿈이 있는데도, 아닌 척하는 가면을 쓰고 있는 사람들을 보면 안타깝다.

사람들은 가끔 나를 두고 오해할 때가 있다. 남편이 무슨 회사의 최고경영자이거나, 아니면 전문직에 종사하는 사람이라고 말이다. 하기야 대다수의 아나운서들이 좋은 조건을 가진 이들과 결혼을 하니 나도 덩달아 그럴 거라고 지레짐작하는 것이다.

그러나 내 남편은 너무나 평범한 직장인이다. 노처녀 아나운서를, 그것도 메인이 아닌 아나운서를 누가 좋아라 하고 데려가겠냐고? 천만의 말씀이다. 나 역시 이곳저곳 좋은 혼처가 광주리에 넘쳐나는 물고기만은 못했어도 심심찮게 들어왔었기에 조건과 배경을 봤다면 지금보다 훨씬 경제적으로 여유롭게 살 수 있었을 것이다. 그러나 나는 내 마음을 흔든 한 줄기 부드럽고 따듯한 바람을 잡았다. 세상에서 나를 제일 사랑해줄 수 있

171

는 사람이라는 것을 확신했기에 지금의 내 남편을 잡았다.

당연히 내가 남편과 결혼한다고 발표했을 때, 고개를 갸우 뚱거리는 여자 후배들도 더러 있었다. 그러나 잘난 남편 만난다고 무조건 행복하다면 그것은 동화일 뿐이다.

그렇다고 좋은 조건을 과감히 포기하라는 윤리적이고 도덕적인 충고를 여기서 구구절절 늘어놓을 생각은 추호도 없다.

단지 나는 외제차를 타고 다녀도 혹여 정신적인 공황을 겪는 위험을 겪을까, 그게 두려웠을 뿐이다. 잘나고 잘나 일 년 중에 내게 팔베개를 해줄 날이 며칠밖에 안 되는 남편보다는 돈은 포대 자루로 못 가지고 오더라도 팔 저림을 어금니 꽉 깨물고 버텨줄 남자가 나는 더 좋을 것 같았을 뿐이다. 결혼한 여자들은 뼈저리게 느끼지만, 너무 잘난 집안에 시집가면 그놈의 시집 눈치 보느라 돈도 함부로 못 쓰고, 구설에 오를 꼬투리 하나만 잡혀도 세간에 소문이 쫙 퍼진다.

요즘 많은 후배들이 내게 이렇게 이야기한다.

"선배님이 결혼 제일 잘하신 것 같아요!"

아! 결국 나도 내 잣대가 최고라고 생각할 수밖에 없는 순간이다.

| 내가 원하는 게 무엇인지 명확하게 설정하라 |

여기서 내가 말하고 싶은 것은 이것이다.

너를 돌아봐라.
네가 명예를 좋아하면 명예를 좇아라.
네가 돈을 좋아하면 돈을 좇아라.
네가 고급스런 삶을 원한다면 그것을 위해 뛰어라!
네가 가진 가치관이 그렇다면 어쩔 수 없는 일이다.
네가 원하는 것을 얻기 위해 전력투구하라!
다만 마음이 전정 원하는 소리를 듣되, 그 마음 감의 방향이
아름답기를 바랄 뿐…….

가면도 가면 나름이다.
진심으로 성공을 원하면서도 아닌 척 가면을 쓸 필요는 없
다. 성공을 원한다면 성공을 위해 뛰어야 한다. 돈만 밝히는 인
간이라는 욕을 듣지 않으려고 가면을 쓸 필요도 없다. 돈을 원
한다면 재테크에 미쳐야 한다. 혹은 그 어떤 가치를 원한다면
과감하고 당당하게 그것을 향해 뛰어가야 한다.

미운 놈 떡 하나 더 주기

WONDERFUL | PASSION

직장 생활의 가장 큰 어려움은 몇 번이나 반복하지만 역시 대인관계일 수밖에 없다. 업무는 잘하면 그만, 못해도 그만이다. 잘하면 좋은 대우를 받고, 못하면 그만큼 불리함을 겪게 된다. 즉 계산법이 명쾌하다.

하지만 사람 사이의 관계야 어디 그런가? 내가 잘하려고 노력한다고 무조건 잘되는 것도 아니고, 정말 미묘하고 어렵기만 하다. 그렇기에 직장 생활은 업무로 인한 스트레스 못잖게 대인관계로 인한 스트레스가 정말 심하다.

직장 생활을 하는 이들이라면 누구나 공감하지 않을까? 직장 동료 중에서 정말 욕이 목구멍 밖에까지 나올 것만 같은 사람이 반드시 있다는 것을 말이다. 주는 것도 싫지만, 하다못해 받는 것도 싫은, 정말 얄밉고 싫은 사람이 직장에 꼭 한두 명씩 있을 수밖에 없다.

그래서 쉬는 시간이나 퇴근하고 시원한 맥주 한잔할 때면, 저마다 마음에 맞는 사람들끼리 모여 앉아 맘에 안 드는 동료를 오징어 씹듯 잘근잘근 씹어댄다. 스트레스 해소가 저절로 된다. 그런데 이때도 남녀차별적인 선입견이 끼어들게 마련인데, 남 험담하기를 즐기는 이들이 꼭 여자 직원들처럼 여겨지는 것이다. 남자들이 여자들을 폄하할 때마다 흔히 하는 말들 중에 '여자는 둘만 모여도 남 헐뜯는 얘기밖에 할 줄 모르는 속 좁은 동물'이라는 말이 있다. 그러나 여태까지 20년 넘게 직장 생활하면서 느낀 점은, 남자도 여자 못지않게 수다에 남의 험담을 잘하는 종족이라는 것. 아니, 여자가 남 욕하는 것은 대부분 그 자리에서 끝나는 경우가 많지만, 남자들은 저희들끼리 패를 지어 남을 헐뜯고, 정치적인 점에서 오히려 여자보다 못한 구석이 많다.

그러나 누가 더 남 욕을 잘하나 못하나 내기하는 것이 아닌 바에야, 누구 편을 들 필요는 없다. 다만 나는 남에 대해 함부로 판단하고 욕하는 것만큼 직장 생활을 어렵게 하는 것도 없다는 것을 말하고 싶다.

┃씨앗을 뿌리면 열매를 맺고, 독을 뿌리면 사망에 이른다┃

나는 어렵겠지만 그들의 좋은 점을 어떻게든 애써 찾으라고 말하고 싶다.

지금 한번, 미워하고, 사랑하는 사람의 이름을 적어보자.

이 사람들을 내가 10년 전, 5년 전, 3년 전에도 미워하고, 사랑했던가?

글쎄, 아마도 그렇지 않을 거다. 미움도, 사랑도 시간과 함께 흘러간다.

그토록 헤집어진 홧홧한 상처도, 그토록 뜨거워 으스러지던 연정도 비오고, 눈 맞고, 꽃피고, 낙엽 지고, 바람을 견디어내는 동안 나도 모르게 사위는 것.

그러니, 지금 미워하는 사람, 지금 사랑하는 사람에게 나를 온전히 맡기지 말자.

세상은 자기 자신만의 잣대로 볼 수밖에 없다. 내가 아무리 학식이 뛰어난 사람이라도 고작 내일의 일을 알지 못한다. 그렇기에 나는 분위기에 휩쓸려 험담에 동참하지 않으려 노력한다. 오늘 내가 그를 두고 한 욕이, 내일 내게로 돌아올지 모른다.

절대 남에 대해 함부로 욕하지 말라. 차라리 미운 놈 떡 하나 더 준다는 마음으로 그들을 대하면, 그토록 미웠던 그도 어느 새 나에게 우군이 된다. 누군가에게 저주를 퍼부을 때 그 저주를 상대가 받지 않으면 그 저주가 내게 돌아오고, 누군가를 축복했을 때 그 축복은 함께 나누게 된다는 말이 있다.

신기묘산, 24년 직장 생활 노하우

조직사회에 휩쓸려 그 안에서 그럭저럭 연명하는 직장인들 정말 많다. 반드시 부장이 되고, 사장이 되는 야망을 키우라는 것은 아니다. 최소한 인생의 절반에 해당되는 직장 생활에서 스스로 내 업무에서만큼은 프로라는 자부심을 가질 만큼 노력하자는 뜻이다. 인생의 절반이 아마추어라면 그 인생은 너무 초라하지 않겠는가?

철두철미,
윤영미의
자기관리
비법

미인이 되는 길은? 긍정적인 마인드!

WONDERFUL PASSION

『백악관을 기도실로 만든 대통령, 링컨』이란 책을 보면 링컨 대통령에 관한 재밌는 이야기가 나온다. 링컨 대통령 재직 중에 절친한 친구가 한 사람을 요직에 추천하며 말했다.

"이 사람은 재주가 비상하니 일을 맡겨보면 어떻겠나? 잘 해낼 걸세!"

그러나 링컨은 추천받은 사람을 면담한 후에 거절했다. 그 후 친구가 찾아와 그 이유를 물었는데, 링컨의 대답이 참으로 의외였다.

"추천한 사람의 얼굴이 마음에 들지 않아서 거절했네!"

링컨의 대답에 친구가 황당한 표정으로 되물었다.

"이보게, 사람의 얼굴이야 본인의 책임이 아니라 부모의 책임 아닌가?"

"그렇지 않네. 부모의 책임이 아니야. 사람은 나이 마흔이 되면 자기 얼굴에 대한 책임을 져야 하네. 추천해준 사람을 만나보니 재주는 많아 보였는데, 얼굴에서 덕을 찾아볼 수 없었네. 솔직히 미안한 말이지만 그 사람의 얼굴은 성경 한 구절도 안 읽어본 사람 같았다네!"

나이가 들수록 자신의 얼굴에 책임을 져야 한다는 것을 단적으로 보여주는 링컨의 그 유명한 일화가 아닐까 싶다. 그만큼 얼굴에는 그 사람의 살아온 과정뿐만 아니라 지금의 내면이 오롯이 새겨져 있다. 우리는 흔히들 말한다.

"그 사람 잘생겼는데 왠지 호감이 가질 않네."

반대로 말할 때도 있다.

"못생겼는데 이상하게 정감이 가지 않니?"

얼굴이 잘생기면 첫인상이 좋고, 얼굴이 못나면 호감이 안 가는 것은 당연할 것 같은데, 이상하게도 우리는 이렇게 말할 때가 종종 있다. 왜 그럴까?

"모르겠어. 왠지 마음에 와 닿는 느낌이 그런걸."

우리는 그때마다 고개를 갸우뚱하며 대답하고는 하는데, 나는 그 말이 정답이라고 생각한다. 미처 자신의 마음이 가리키

철두철미, 윤영미의 자기관리 비법

는 방향의 의미를 정확히 파악할 수는 없지만, 우리에게는 육
감이란 게 존재한다. 자신도 미처 모르는 사이에 몸이 거부반
응을 일으키는 것이다. 즉, 얼굴 잘생겼다고 마냥 좋은 게 아니
고 못생겼다고 매력이 없는 것은 절대 아니다.

| 나이가 들수록 얼굴에 책임을 져라 |

젊었을 때만 해도 나는 사람이란 나이를 먹을수록 으레 인
품이 성숙해지고 완성되는 줄로만 알았다. 그런데 하루하루 살
아보니 그게 아니었다. 물론 나이에 맞게 인격이 성숙된 분들
도 많이 만나 봤지만, 그에 못잖게 반대의 경우도 숱하게 겪었
다. 나이 들수록 편협해지고, 세상에 대한 원망이 늘고 소외감
으로 옹졸해지는 어르신들…… 생각 외로 정말 많다.

신기한 것은 아무리 풍채가 좋고 인물이 훤해도 인품이 성숙
하지 못하면 얼굴에 그대로 못난 성격이 드러난다는 것이다. 젊
었을 적에야 인물값으로 이런저런 좋은 말 많이 듣고 좋은 대접
많이 받았겠지만, 늙어서는 말짱 소용없는 일이다. 얼굴이
1,000냥이면 눈은 900냥이라는 말처럼 눈빛을 보면 '좋은 향기
를 내뿜는지, 악취를 내뿜는지' 굳이 말이 없어도 알게 된다.

나 또한 힘들고 신산한 일을 겪을 때마다 알게 모르게 마음
이 모나지고 비뚤어지는 것만 같아 가슴이 철렁 내려앉는 기분

을 느끼고는 한다. 그래선지 마흔을 넘겨 쉰을 바라보는 최근의 내 관심사 중에 큰 부분을 차지하는 게 바로 '아름답게 나이 들기'이다.

여기서 '아름답다'라는 것은 단지 외모만을 뜻하지는 않는다. 이 나이에 얼굴에 칼 댈 생각이 아닌 한 아무리 노력을 해도 하루가 다르게 힘을 잃어가는 피부 노화를 막을 수는 없는 일이다. 요즘 나이 든 여자들이 한 살이라도 적게 보이려고 성형외과, 피부과를 제집 드나들듯 드나들며 돈을 물처럼 써댄다고 하지만, 가는 세월을 어떻게 막을 수 있겠는가? 조금은 늦출 수는 있겠지만, 어차피 부질없는 일일 수밖에 없다.

그렇기에 요즘 귀에 못이 박히도록 들어 지겨운 말이 자꾸 생각난다. 외모보다 중요한 것은 '내적인 아름다움'이라는 말이 그것이다. 내가 나이 들어가며 절실히 느끼는 진리 중 하나는 얼굴이 못나 보여도 이상하게 끌리는 호감을 주는 이들은 바로 이 '내적 아름다움'이 가득한 사람이란 것이다.

그렇다면, 어떻게 하면 내적 아름다움을 가꿀 수 있을까? 내적 아름다움이란 게 돈 보따리를 싸 짊어지고 성형외과에 가서 이렇게 저렇게 고쳐달라고 고쳐지는 것도 아닌데 말이다.

"저 나이에 어찌 저리 멋질까?"

잠깐 만나 몇 마디 이야기를 나누지 않더라도 금세 향기가 느껴지는 분들을 보면 끊임없이 '자기성찰'에 골몰하는 분들이었다. 풍부한 화제를 이끌어가는 지적 호기심과 충만한 감수성, 세상에 대한 여유로운 시선, 경제적인 안정과 꾸준히 가꾼 건강으로 무장한 그들. 이런 내적인 아름다움이 충만한 분들은 신기하게도 외적인 아름다움마저 발산한다.

인생의 반을 접어가는 나이. 누구에게나 공평하게 주어지는 시간 속에서 나는 주어진 이 시간을 과연 무슨 생각을 하고, 무엇을 느끼며, 누구와 함께, 무엇을 하며, 어떻게 보낼 것인가?

이 질문 속에 '아름답게 나이 들기'의 핵심이 들어 있다.

| 미인의 적은 부정적인 마인드 |

국어사전을 찾아보면 '미인美人'이란 단어의 뜻이 자세히 나와 있다.

1. 용모가 아름다운 사람. 2. 재덕(才德)이 뛰어난 사람.

젊은 여성들의 외모에 대한 고민은 대부분 1번에 해당한다. 그러나 나이가 들수록 2번이 중요하다는 것을 새삼 깨닫게 된다. 재주가 많아도 미인이요, 덕이 많아도 미인이란 사전의 정의. 정말 말 그대로 정답인 것 같다. 즉 1번의 미인이 선천적인 미인이라면, 2번은 후천적인 미인을 뜻한다. 물론 요즘에는 3번도 있기는 하다. 바로 성형미인 말이다.

나는 내 나이 30대 때보다 지금 40대 때가 더 젊고, 예쁘다는 말을 종종 듣는다. 기분만이 아니라 실제로 거울에 비춰보는 얼굴은 10년 전의 얼굴보다 더 생기가 있는 것 같다. 그러나 정말로 그렇기야 하겠는가? 현미경으로 피부를 들여다보면 10년 전의 얼굴에 비해 피부 탄력도 느슨하고, 눈가의 주름도 늘어난 것은 분명한 사실이다.

그러나 이상하게도 내 기분만이 아니라 주위에서도 나이를 거꾸로 먹는다는 말을 심심찮게 해준다. 글쎄, 왜 그럴까 곰곰이 생각해보니 답은 있었다.

첫째, 10년 전보다 나는 지금 더 즐겁게 살고 있다. 10년 전, 앞날에 대한 고민으로 하루하루 시름에 겨워 살 때보다 지금 나는 더 행복하다. 답은 그것이다. 자랑 같지만 나를 조금이라도 겪어본 이들이 항상 묻는 질문이 있다.

"대체 어떻게 하루 스케줄을 소화하는 거예요?"

"힘들지 않아요? 어떻게 새벽 4시에 일어나 밤늦게까지 그렇게 쉴 틈 없이 다닐 수 있죠?"

하루 이틀도 아니고 거의 1년 365일을 매일같이 빼곡하게 짜인 스케줄을 소화하는 것을 보고 태어나길 그렇다고 짐작을 한다. 그때마다 나는 대답한다.

"묘책이라면 그냥 내가 좋아하는 것을 하니까 피곤이 덜한 거죠, 뭐."

남의 가치에 맞춰 일을 하면 피곤한 법이다. 말했듯이 나는 직업 특성상 소위 말하는 잘난 사람들을 많이 만난다. 그러나 잘났다고, 사회에서 성공했다고 전부 행복해하는 것은 전혀 아니다. 변호사, 의사 같은 이들이 정말 다들 행복하리라 짐작하는가?

대답은 전혀 아니다. 갖가지 이유로 인해 불행해한다. 심지어 남들이 선망하는 직업이라 선택했지만 진정 원하는 일이 아니라 변호사 못 해먹고, 의사 못 해먹겠다는 이들이 더 많은 것 같다.

둘째, 긍정적인 마인드다. 나는 천사가 아니다. 마음이 비단결도 아니요, 술에 술 탄 듯 물에 물 탄 듯 살아가는 무골호인도 아니다. 오히려 어릴 적부터 다혈질이라는 소리를 귀에 못이 박히도록 듣고 살았다. 그러니 왜 나라고 미운 사람이 없겠는가? 곰곰이 따져보면 화나는 사람 참 널리고 널렸다. 세상이 각박하니 미운 사람들은 갈수록 늘어만 간다.

그럼에도 나는 예전처럼 그들의 단점과 못된 점을 하나하나 나열해 메스를 가하는 짓 따위는 하지 않는다. 곰곰이 따져 봐도 내가 미워해봤자 대놓고 욕을 하거나 정말 해코지를 하지 않는 이상, 맘속으로 끙끙 앓는 나만 손해이기 때문이다. 그들을 미워하느라 내 얼굴에 주름 하나 더 느는 게 나는 싫다.

게다가 나는 나를 누군가와 비교하기 시작하면 정말 내가 한없이 모자라게만 느껴진다는 것을 잘 알고 있다. 아니, 비교하는 순간 나락으로 빠져들 것만 같아 나 자신을 단단히 붙들어 맨다. 예를 들어 일반 사람들은 누구누구가 엄청나게 돈을 번다는 것만 알 뿐, 그런 인물들을 접할 기회가 많지 않아 피부에 와 닿지는 않지만, 나는 오늘도 내일도 정말 돈을 많이 번다는 사람들과 부대끼며 산다. 유재석, 강호동 씨와 같이 쇼 프로그램에 출연한다고 할 때, 같은 프로그램에 나와서 같이 웃고 떠들어도 내가 만 원을 번다면 그들은 1,000만 원을 번다. 나보다 천 배는 더 많이 버는 셈이다. 즉 그들과 비교해 그들을 부럽게만 생각하면 입 속으로 밥이 넘어가질 않는다.

하지만 나는 그들보다 내가 더 행복하지 못하다고 생각지 않는다. 내게는 내가 진정으로 사랑하는 것들이 있기 때문이다. 내가 사랑하는 남편과 아이들부터 하다못해 작은 가구 하나, 옷 한 벌, 소품 하나까지 내가 진심으로 사랑하는 모든 대상들이 내 얼굴을 아름답게 유지해줄 것임을 확신하기 때문이다.

인상 깊게 봤던 홍상수 감독의 영화 '생활의 발견'에 나오는 유명한 말이 떠오른다.

"우리, 사람은 못 될지언정 괴물은 되지 맙시다."

그렇다. 남을 미워하면 얼굴이 못나진다. 반대로 남을 사랑하고 나를 사랑하고 인생을 사랑하게 되면 얼굴이 예뻐진다. 실제로 좋은 생각을 하면 몸에서 좋은 호르몬이 나와 노화를 방지한다고 하지 않던가!

철두철미, 윤영미의 자기관리 비법

『물은 답을 알고 있다』라는 책을 보면 마음과 생각이 신비롭게 물을 변화시키는 것을 실험적으로 증명하고 있다. 마음속으로 눈앞의 물을 축복하면 그 물의 성분이 아름다운 입자로 변하고, 또 저주하면 괴상한 모습의 입자로 변한다고 한다. 물이 그렇다면 우리 몸속의 70% 수분도 그렇다는 얘기이다. 그러므로 우리 몸속의 물을 축복하려면 나를 사랑해야 한다. 좋은 생각과 긍정적인 마인드로 내 몸속의 물을 아름다운 입자로 만들어 나를 건강하게 해야 한다.

다시 한 번 말하지만 감사하는 마음과 현실에 대한 긍정적인 생각이 미인을 만든다. 거울에 비친 자기 얼굴에 실망하거나 결점을 보려고 하지 말자. 내 얼굴의 주름살을 찾아내 슬퍼하고, 흰 머리카락을 찾아내고는 늙었다고 생각하지 말자.

내 얼굴에는 내 얼굴이 아니면 갖지 못할 나만의 아름다움이 있다고 생각하자. 나만의 아름다움을 찾아내 내가 미인이라고 생각하면서 한 번이라도 더 웃자. 얼굴은 생김생김만이 다가 아니다. 웃음과 표정이 반, 착한 마음이 반이라고 감히 얘기한다면 너무 확신에 찬 신념일까.

감사와 만족의 감정은 우리의 인생을 밝게 해 얼굴에 기쁨의 문양을 그려주고, 아울러 불쾌한 표정의 주름살을 씻어준다. 보톡스보다 효과가 좋은 선한 마음, 그것은 돈이 들지 않는다. 다만 마음의 다스림이 필요할 뿐이다.

나만의 향기를 내도록 하라

인사고과에서 가장 중요한 항목중 하나는 단연 '직장 내의 인간관계'이다. 아무리 능력이 뛰어나도 다른 사람과 툭하면 마찰을 일으키는 인재는 직장에서 결코 살아남을 수 없다. 비근한 예로 방송국에서도 처음에는 놀라운 외모와 실력으로 두각을 나타내는 아나운서들이 있는데, 그중에서는 성격마저 좋아 그야말로 승승장구하는 이들도 있는 반면, 자기 잘난 맛에 살다가 '화무십일홍花無十日紅'이라는 말처럼 어느 날 뒤돌아보니 사라져버린 이들도 꽤 된다.

나 역시 오늘도 후배들에게 내가 어떤 모습으로 비칠지 항

상 고민하고 긴장하는데, 내가 없는 자리에서 내 험담을 늘어
놓는 후배들이 없기를 간절히 바라는 마음이다. 내가 능력 있
는 아나운서라는 평을 듣고, 항상 좋은 이미지로 그들에게 비
치기를 바란다. 그래서 항상 다짐하는 세 가지가 있다.

1. 시간 약속을 지키고, 방송 펑크만큼은 절대 하지 않는다.
2. 크든 작든 방송에 최선을 다한다.
3. 항상 무언가를 열심히 한다.

24년 전 아직 아나운서가 되기 전, 아나운서가 되고 싶어 무
작정 내가 가고 싶었던 춘천 MBC 방송국에 찾아간 일이 있었
다. 부푼 꿈을 안고 찾아가 아나운서실에 전화를 걸었다.

"무슨 일이시죠?"

수화기 저편에서 들려오는 짜증이 잔뜩 묻어나는 젊은 여자
의 목소리. 아마도 여자 아나운서인 듯싶었다. 나는 수화기 저
편의 목소리가 어떻든, 설레는 마음에 떨리는 목소리로 말했다.

"꼭 여쭤보고 싶은 게 있어 실례를 무릅쓰고 전화를 드렸습
니다. 잠깐 시간 좀 내주실 수 없을까요?"

내 간곡한 부탁에 잠시 뒤 한 젊은 여자 아나운서가 방송국
로비로 내려왔다. 나는 처음 보는 낯선 이에게 부끄러움도 잊
은 채 서울에서 춘천까지 달려온 이유를 말하며 어떻게 하면
아나운서가 될 수 있냐고 물었다. 그러나 되돌아온 반응은 차

갑기 그지없었다. 여자 아나운서는 너무나 도도하게 팔짱을 끼고는 한다는 소리가 고작 이랬다.

"국어, 영어 공부 열심히 하면 되죠, 뭐……."

그러고는 바쁘다며 쏜살같이 올라가버리는 게 아닌가? 나는 방송국을 되돌아 나오며 그때 다짐했다.

'내가 아나운서가 되면, 저러지 말아야지.'

24년 전 그날의 아픈 기억 탓일까. 나는 지금도 새까맣게 어린 후배들이나 아나운서 지망생들이 이런저런 질문을 할 때면 최대한 성심성의껏 대답해주려고 노력한다.

| 항상 일관되게 행동하라 |

우리는 간혹 세상이 나를 알아주지 않는 것 같아 불평불만을 터뜨린다. 단지 세상이 나를 제대로 알아주지 않아 못마땅한 대우를 받고 있다고 여긴다.

내가 가장 싫어하는 말 중의 하나가 바로 "사람을 뭐로 보고?" 하는 식의 으스대는 제스처다. 뭐로 보긴? 보이는 대로 보지. 사람들은 내가 아는 나와 남이 아는 나 사이에서 많은 혼돈을 경험한다. '나는 이 자리에 있을 사람이 아닌데 어쩌다 환경 탓으로, 피치 못할 사정상 요 모양 요 꼴로 있는 거지, 사실 나는 굉장한 잠재력이 있단 말이지.'라는 생각. 보이는 것은

철두철미, 윤영미의 자기관리 비법

하찮지만 나를 무소의 뿔처럼 알아달라는 것은 글쎄 절대자에게나 부탁할 일이 아닐까.

학생은 학생다워야 하고, 선생은 선생다워야 한다.
사장은 사장다워야 하고, 사원은 사원다워야 한다.
택시 기사는 기사다워야 하고, 경비는 경비다워야 하고
주인은 주인답고, 손님은 손님다워야 한다.
부모는 부모다워야 하며, 아이는 아이다울 때 가장 아름답다.
마찬가지로 여자는 여자다울 때, 남자는 남자다울 때 가장 아름답다.
따라서 윤영미는 윤영미다울 때 가장 아름답다.

우리는 지금, 이 순간 우리의 눈에 비치는 그 사람의 모습을 보고 판단할 뿐이다. 사람은 신과 같은 투시력이 없기에 그 사람의 과거와 미래, 마음속까지 알지 못한다. 물론 오랫동안 인간성을 접하면서 그 사람의 잠재력이나 내재된 힘을 인정하기는 하지만 수많은 사람들을 만나고 접하면서 한 순간에 사람의 속성과 능력까지 간파할 수는 없는 일이다. 그렇기에 한편으로 우리는 학벌을 보고, 학벌을 따내기 위해 온갖 고생을 하며 공부에 시간과 노력을 투자하는 것인지도 모른다. 좋은 학교를 나와서 좋은 직업을 얻는 것, 그것의 옳고 그름은 차치하고서라도 노력의 소산물을 우리 사회는 지독히도 존중하므로.

일관성 있는 사람이 되자. 내가 여태껏 만나온 수많은 성공한 사람들은 다 그럴 만한 이유가 있었다. 우선 남을 능가하는 노력 없이 성공한 사람은 단 한 사람도 없었다. 아무리 부모의 후광을 얻었다 하더라도 그 후광을 잘 살릴 수 있는 관리 능력이 있어야 하는 것이고, 타고난 재능이 있다 하더라도 그 재능을 키우지 않으면 타고난 재능마저도 지워질 수 있다.

그리고 무엇보다 그들에게는 일관된 가치관이 있었다. 아침에 한 말과 저녁에 한 말이 다르지 않았다. 지난번에 한 말과 이번에 한 말이 다르지 않았다. 간혹 특유의 감언이설로 세상의 눈과 귀를 현혹하는 이들이 종종 등장하는데, 그들의 말을 유심히 들어보면 말들이 서로 상충되는 것을 느낄 수가 있다. 이런 사람들은 잠시 잠깐 인기를 누릴 뿐이다. 정말 그 향기가 오래가는 사람들은 10년 전에 우연히 했던 말을 아직도 지키고 있는 사람이다. 지킨다는 생각이 없어도, 그것이 자신의 확고한 가치관이기에 여전히 똑같이 행동할 뿐이다. 바로 이런 사람이 진정으로 성공의 기쁨을 누릴 수가 있다.

"누구누구는 정말 누구누구답다."는 말을 듣기 위해 노력하자. 나만의 향기를 뿜어낼 수 있게 노력하자. 아침에는 장미향을, 점심에는 백합향을, 그리고 나서 저녁에는 악취를 뿜어내는 사람이 되지 말자. 일관된 가치관으로 늘 자리에 맞는 향기를 품을 수 있는 그런 사람…….

나는 프로페셔널이다

많은 학생들이 장래 희망으로 바라는 멋진 직업 중에 오늘도 아나운서는 꼭 포함되고 있다. 그들이 아나운서를 선망하는 이유는 무엇일까?

내가 출강하는 대학교 학생들에게 물어보면 자아실현부터 단순히 멋져 보이고 폼 나 보인다는 말까지 다양한 대답들이 쏟아져 나온다. 그런데 그 많은 답변들이 공통적으로 포함하는 것은 '프로'가 아닐까 싶다. 프로페셔널의 아름다움. 멋지면서도 자아실현을 할 수 있는 직업이 바로 아나운서라고 생각하는 것이다.

물론 아나운서의 겉모습만 보고 섣불리 아나운서를 꿈꾸는 학생들도 많다. 항상 예쁘게 꾸미고 시청자들 앞에 서는 겉모습을 동경하는 것이다. 그러나 아나운서 생활이란 게 과연 그런 멋진 일만 있겠는가?

| 아나운서가 연예인이라는 착각은 제발 그만! |

일반 사람들은 아나운서도 유명 연예인처럼 높은 수입에 최상위권 수준의 생활을 한다고 착각한다. 화면에 비치는 화려한 의상과 겉모습만 보고 일반 직장인과는 완전히 다른, 보통의 월급쟁이로는 생각하지 않는다.

나는 완전한 오해라고 확언할 수 있다. 아나운서도 매달 월급날만을 손꼽아 기다리는 직장인일 뿐이다. 이번 달엔 보너스가 몇 %나 나오나 궁금해하고, 적금 붓고 연금 내는 보통의 생활인에 지나지 않는다. 시간 외 수당이라도 혹여 빠뜨릴까 꼬박꼬박 근무 일수를 챙기는 알뜰 직장인이다.

물론 아나운서는 일반 직장인들과는 업무 방식이 많은 점에서 다르다. 일반 직장처럼 팀워크로 프로젝트를 완수한다든가 업무를 추진하기보다는 혼자 힘으로 방송에 대해 연구하고 준비하는 것이 주된 업무다. 우선 방송 프로그램에 따라 어떠한 캐릭터로 나의 이미지를 만들고 방송을 이끌 것인가 구상을 한다. 이를테면 얼마 전까지 내가 맡았던 '접속 무비월드'를 예로 들어보자. 프로그램을 위해 시사회나 일반 영화관에서 닥치는 대로 영화를 보고 영화 잡지를 탐독해 영화에 대한 식견을 높여가는 것은 기본이다. 사전 회의를 통해서 의견을 조율하고, 그날 내가 소개하는 영화와 콘셉트에 맞는 의상을 준비하는 등 세세한 모든 것을 신경 써야 한다. 즉 모든 것을 완벽하게 소화한 뒤에야 비로소 카메라 앞에 나설 수 있다. 즉, 개개인이 전문가인 것이다.

요즘은 아나운서들이 방송에서 재미삼아 1만 원밖에 안 되는 출연료를 밝혀 출연료에 대한 오해가 어느 정도 풀리긴 했지만, 연예인이 받는 프로그램 출연료와 아나운서의 출연료는 책정 자체가 다르다. 우리는 월급 외에 자료비 명목으로 받는 것이기에 텔레비전 출연료가 8천 원에서 2만 원, 라디오는 보통 5천 원을 지급받는다. 따라서 한 달 꼬박 방송을 해도 출연료는 큰돈은 되지 않는다. 물론 월급 수준은 대기업과 엇비슷한 수준으로 적지는 않다. 그러나 직업의 특성상, 의상이나 헤어, 피부, 메이크업, 액세서리에 드는 비용이 만만치 않아 수입보다 항상 지출이 많은 빠듯한 생활을 할 수밖에 없다.

이렇듯 아나운서란 직업은 형식은 보통의 직장인이지만, 하는 일이 방송이라 세부적인 면에서는 연예인과 일면 닮은 부분이 분명 있다. 그 덕에 요즘은 아나운서를 '아나테이너아나운서와

'라고 부르며 준 연예인 취급을 하기도 한다. 그러나 아무리 오락 프로그램에 출연해도 아나운서는 아나운서일 뿐이다. 방송에서 중립적인 위치에 서려고 애쓰고 올바른 우리말을 지키는 사람들이다. 그렇지 않으면 연예인으로만 방송을 유지하지 굳이 아나운서라는 직함을 내세울 이유가 없는 것 아닐까?

사람들이 역시 아나운서를 선호하는 이유는 아무래도 연예인과는 다른 일정한 이미지 때문이지 싶다. 연예인들의 화려함도 좋지만 아나운서들이 지금까지 쌓아온 지적이고 단아한 이미지 위에 오락적인 부분이 가미될 때 흥미를 느끼는 것이지, 연예인과 똑같은 이미지를 가질 때 아나운서의 고유성은 없어지는 것이 아닐까 생각한다.

| 의상은 나의 격을 어필하는 최고의 방법 |

그럼에도 아나운서가 선망의 대상이 되는 것에는 아무래도 단정한 모양새가 한몫을 하는 것 같다. 아나운서는 방송에 출연해야 하니 겉모습이 화려하게 비칠 수밖에 없다. 따라서 아나운서를 이야기할 때 의상에 관한 이야기가 빠지지 않는 것도 그 때문이다.

"옷이 많아 정말 좋겠어요!"

"그 많은 옷들을 다 어떻게 사죠?"

그래서인지 종종 이런 질문을 자주 듣는다. 많은 사람들이 방송에 입고 나오는 모든 옷이 그 아나운서의 것이라고 생각하지만, 반은 맞고 반은 틀린 이야기다. 반은 내 것이고, 반은 협찬을 받는다.

협찬은 의상 담당 코디네이터가 의류업체로부터 의상을 빌리는 것인데, 솔직히 어려움이 많다. 업체로서는 홍보의 효과 여부를 따져 짐작하다시피 좋은 곳은 스타급 연예인만 협찬해준다 협찬하기에, 아나운서는 원하는 업체에서 협찬을 받기가 힘들다. 코디네이터가 원하지 않는 메이커의 어울리지 않는 스타일의 옷을 가져오게 되면 영 난감할 수밖에 없다. 그렇다고 직접 옷을 사서 입기에는 의상 구입비가 만만치 않고, 원하지 않는 스타일의 옷을 방송에 입자니 기분이 찜찜하고…….

직업이 직업이다 보니 나 역시 의상에 신경을 쓸 수밖에 없다. 그런데 나는 주로 옷을 스스로 장만하는 편이어서 당연히 부담이 상당하다. 수입은 빠듯한데 맘에 드는 옷을 협찬받을 수 없는 경우가 비일비재하니 어쩔 수가 없다. 모든 옷을 비싼 걸로 사자니 돈이 문제요, 저렴한 옷을 구입하자니 성에 안 찬다. 그래서 생각해낸 방법이 캐주얼한 갈음옷은 동대문이나 이태원에서 저렴하게 구입하고, 정장은 무리가 가더라도 마음에 드는 옷을 산다. 적절히 코디네이션을 해서 갈아입는 지혜를 짜내는 것이다. 그것도 아나운서가 갖춰야 할 덕목 중에 하나가 아닐까 싶다. 그밖에도 구두나 액세서리, 화장품을 비롯한 치장에 드는 여러 가지 것들을 제대로 갖추자니 비용 부담이 상당해 월급쟁이 수입으로는 감당하기 벅차다고나 할까?

한마디로 씀씀이와 안목은 일류 연예인 급인데 수입은 일반 월급쟁이니 아나운서가 돈 많이 버는 직업이란 말은 이제 하지 말아줬으면 싶다.

메이크업과 헤어 역시 방송국에서 프로그램별로 전문 직원이 담당하는데 간혹 스스로 비용을 감당하며 단골 미용실을 이용하기도 한다. 혹은 매일 메이크업을 받다 보니 스스로 하고 싶은 마음이 들어 직접 배우는 경우도 있는데, 나 같은 경우는 메이크업 학원에서 얼마간 수업을 받아서 경우에 따라 내 스스로 메이크업을 하고는 한다.

아나운서 생활을 하면서 꼭 이렇게 겉치장에 돈과 신경을 소모해야 하나 싶어 한숨이 나온 적도 여러 번이다. 그러나 생각해보면 분명 겉으로 드러난 내 옷차림도 나를 표현해주는 중요한 요소이다.

나는 직장 생활을 처음으로 시작하는 이들에게 특히 옷차림에 신경 쓰라고 조언하고 싶다. 옷이 날개라는 말이 있다. 그러나 반대로 말하면 우리를 추락시키는 날개도 있지 않은가? 중요한 자리에 자신의 개성을 표현한다고 자리에 맞지 않는 옷을 입고 나오는 것은 기본적인 감각을 인정받지 못하는 큰 마이너스 요인이 된다.

인생의 절반인 직장에서 평생 아마추어로 살겠는가?

직장 생활은 인생의 절반이다. 우리는 대학을 졸업하고 직장에 들어가 은퇴하기 전까지 남편과 아내보다, 그리고 사랑하는 아이들보다 더 많은 시간을 직장 안에서 살아간다. 하루하루 당장이라도 직장을 때려치우고 싶은 마음이 굴뚝같은 사람이라도 평생을 놓고 본다면 직장 인생에서 크게 벗어나지 못한다. 그만큼 직장은 우리의 또 다른 인생이다.

그럼에도 많은 직장인들이 직장 안에서 아마추어처럼 살아간다. 인생을 아마추어로 산다는 말과 똑같다. 신입사원 때는 몰라서 아마추어라고 하지만, 경력이 5년이 되고, 10년이 되면 일에 능숙해지게 마련이다. 즉 나만의 노하우를 터득해 프로가 될 수 있다. 그런데 아름다운 프로가 될 수 있는 기회가 있는데도 되지 않는 이유는 뭘까? 내가 생각하기에 그 까닭은 단 하나다. 바로 마음가짐 때문이다. 스킬이 중요하다고 생각하는가? 서당 개도 3년이면 풍월을 읊는다고 했다.

내가 프로가 되고자 하는, 우뚝 서고자 하는 마음이 없는 직장인들이 의외로 많다. 조직사회에 휩쓸려 그 안에서 그럭저럭 연명하는 직장인들 정말 많다. 반드시 부장이 되고, 상무가 되고, 사장이 되는 야망을 키우라는 것은 아니다. 최소한 인생의 절반에 해당되는 직장 생활에서 스스로 내 업무에서만큼은 프로라는 자부심을 가질 만큼 노력하자는 뜻이다. 인생의 절반이 아마추어라면 그 인생은 너무 초라하지 않겠는가?

아나운서는 개개인이 프로일 수밖에 없다. 모든 것을 자신이 책임지기 때문이다. 내 몸가짐, 마음가짐이 한번 흐트러지면 그날 방송은 망치는 것이고, 그 후유증은 생각보다 너무나 오래간다. 아나운서들의 반듯한 프로의식을 젊은 사람들이 동경하는 이유도 아마도 그 때문이지 않을까 싶다.

나는 직장에서 어떤 모습으로 인생의 절반을 보냈나? 곰곰이 생각해보자. 프로가 아닌 아마추어처럼 시간만 보내고 있었다면, 우리는 인생의 절반을 버리고 있는 것이다.

철두철미, 윤영미의 자기관리 비법

하루 2시간 싸이월드 하는 여자

WONDERFUL | PASSION

마흔이 넘은 직장 생활 24년차 주부 직장인이란 어떤 이미지일까? 아마 젊은 여성들은 잘 이해 못할지도 모른다. 아니, 모를지도 모른다가 아니라 정말 모를 것이다.

보통 생각하는 것이 슈퍼우먼 아줌마이다. 다소곳하고 여성스러운 이미지는 전혀 떠오르지 않고, 오히려 남자보다도 더 억척스러운 이미지를 떠올리지 않을까? 그 어렵다는 직장 생활을 이겨내는 것도 모자라, 자녀 양육에 남편 뒷바라지까지, 또 시부모 문제까지 척척 해내는 슈퍼우먼 말이다. 맞다. 직장 생활에서도 베테랑이고 가정생활에서도 베테랑인 여성들은 이미 여성이라는 굴레를 탈피했는지도 모른다.

그러나 가끔 뒤돌아보면 정말 맥이 풀릴 때가 많다. 하루하루를 쉴 틈 없이 달리다 보면 "나는 누구인가? 내가 지금 뭘 하고 있는 거지? 나는 잘 살고 있는 건가?" 하고 정체성을 되묻는 때도 있는 법이다.

꽉 짜인 현실의 문제들을 해결하다 보니 정작 '나'라는 소중한 가치에 대해 잊고 있었다는 자책을 느낄 때도 많다. 이럴 때는 어떻게 해야 할까?

| 나만의 공간을 만들어라 |

나는 나이 들어가는 아픔을 달래기 위해서는 꼭 '자신만의 공간'이 필요하다고 생각한다. 어릴 적 기억을 떠올려보라. 우리에게는 누구나 나만의 아지트가 있었다. 시골에서 살던 사람들은 후미진 다락방이나 친구들과 함께 나무로 얼키설키 만든 산중턱의 비밀 아지트 한두 개쯤은 가지고 있었다. 도시에서 자란 이들이라고 그런 곳이 없었겠는가? 누구나 비밀스런 공간은 다 있었다. 비밀을 숨겨놓은 아지트에 가면 어느새 긴장이 풀리고 아늑한 기분을 맛보곤 했다.

그 어릴 적의 비밀 아지트가 이제 우리에게 다시 필요하다. 어릴 적만이 아니라, 오히려 나이가 들수록 이런 '나만의 공간'이 반드시 필요하다. 틀에 박힌 규칙, 사람들의 시선, 이기적인 마음, 터질 것 같은 스트레스, 감당할 수 없는 책임감, 미래에 대한 두려움……. 내 마음을 꼭 채우고 있는 갑갑한 굴레를 잠시나마 벗어버리고 쉴 수 있는 나만의 공간 말이다.

사람이란 시간과 공간에 얽매인 존재다. 머리를 식히기 위해 우리는 일상에서 벗어나 여행을 떠난다. 하지만 일상에서 벗어나기 위해 꼭 멀리 여행을 떠나는 수고로움을 들일 필요는 없다. 그렇게 하고 싶어도 할 수가 없는 게 현실이지 않은가. 매일 나만의 공간에 발을 옮길 수 있다면 굳이 여행을 떠날 필요도 없다.

한창 힘들고 외로울 때, 내게 큰 힘이 되어준 곳 역시 나만의 아지트였다. 나는 나만의 공간을 장만하며 힘을 낼 수 있었다. 물론 어릴 적처럼 오프라인의 공간은 아니었다. 온라인이었다. 젊은이들이 하나씩 장만한 그들만의 가상 아지트인 블로그, 카페, 싸이월드 같은 홈페이지 말이다.

| 싸이월드를 위해 일부러 화장을 하고, 외출을 합니다 |

나는 몇 년 전부터 싸이월드를 하고 있다. 그것도 하루에 무려 2시간씩이나 꼬박꼬박 출근 도장을 찍고 있다.

“그렇게 바쁘게 살면서 하루에 어떻게 2시간을 인터넷을 해요?”

다들 그렇게 묻기 바쁜데 몇몇 사람의 말투에는 의심의 눈길도 없지 않아 있다. 며칠에 한 번이나 그만큼 열심히 한다는 것을 과장해서 자랑하는 게 분명하다고 치부하는 것이다. 그런데 어쩌란 말인가. 정말 나는 싸이월드를 시작한 뒤부터 하루에 꼬박꼬박 2시간을 투자하는데.

시간이 없다는 말처럼 공허한 말이 없다. 1년 365일 눈코 뜰 새 없이 바빠 시간이 없는 사람도 찾아보면 있기는 하다. 그러나 정말 극소수에 지나지 않는다. 대부분 시간이 없는 게 아니라 시간 활용을 못할 뿐이다. 나는 정말 내가 생각하기에도 새벽 4시에 일어나 밤늦게 잘 때까지 쉬는 시간 없이 정신없이 돌아치는 스타일이지만, 정말 싸이월드를 2시간씩 하고 있다.

내가 처음 싸이월드를 시작하던 2006년 4월, 주변에서 한창 싸이월드에 재미를 붙이고 있던 사람들은 입을 모아 이야기했다.

“싸이월드, 그거 3개월은 재미있을 거야.”

그런데 나는 3개월이 되어도 흥미를 잃지 않았다. 그러자 다시 내게 말했다.

“6개월은 가려나? 제법 끈기 있네?”

그러나 1년쯤 지나니 또 다시 말이 달라졌다.

“아니, 아직도 싸이월드를 한단 말이야? 이제 다들 시들해

철두철미, 윤영미의 자기관리 비법

졌는데, 참 오래도 가네?"

그들은 싸이월드에 대한 열정이 식지 않는 나를 보며 신기해했다. 그러나 나는 열정이 식기는커녕 갈수록 뜨거워지고 있다. 싸이월드에서 하루의 일과를 정리하는 2시간이 아깝지 않다. 그만한 장점이 있기 때문이다.

싸이월드는 나만의 아지트이다. 나만의 비밀스러운 공간일 뿐만 아니라, 한 발 더 나아가 다른 사람들과 함께 공유하는 일기장이었다. 내가 내 맘대로 만들며 비밀을 간직하고, 나만의 공간과 생각을 함께 공유해도 되는 곳만 살짝 열어놓고 보여주는 일기장 말이다. 싸이월드가 내게 가져다준 장점은 너무나 많아 일일이 열거하기가 힘들 정도다. 싸이월드 홍보대사라도 된 듯한데, 그만큼 싸이월드를 통해 생활의 활력을 많이 얻게 된 수혜자로서 그것으로 인해 내 생활이 어떻게 발전했는가를 놓고 이야기하고 싶다.

우선 싸이월드를 비롯한 미니홈피는 내게 인간 네트워킹 면에서 아주 훌륭한 강점을 제공해주었다. 되짚어보면 지금 친하게 지내는 많은 지인들은 싸이월드를 통해서 만나게 됐고, 그로인해 더욱 친해진 경우가 많다. 바쁜 사회생활을 하면서 일일이 안부 전화를 하고 용건 없이 만나기는 참 어려운데, 그러한 부분을 채워주는 것이 바로 싸이월드다. 별 용건이 없어도 그 사람의 홈피를 방문해 어떻게 지내는지 들여다보고, 한마

디 안부를 댓글로 전하고, 사진을 보면 잠깐이나마 만난 것 같
은 느낌이 든다. 그러고 나서 직접 만나면 사진과 글을 통해 알
게 된 근황에 대해 이야깃거리가 생기기도 한다. 어쩌다 가끔
만나는 사람보다는 매일매일 만나는 친구끼리 더 할 말이 많듯
이 싸이월드를 통해 매일 만나는 사이는 확실히 더욱 가까워지
게 마련이다. 무시할 수 없는 사이버 공간이란 첨단 무기를 잘
만 사용한다면 얼마든지 무료한 생활에 자극적이고 긍정적인
에너지의 원천이 될 수 있다는 것이다.

두 번째로 온라인 공간으로 인해 오프라인 생활마저 윤택하
게 됐다. 싸이월드를 열심히 하다 보니, 어떤 때는 주객이 전도
된 기분을 느낄 때가 있다. 가령 우연히 분위기 좋은 곳을 찾아
예쁜 사진을 찍어 홈피에 올리는 것이 아니라, 홈피에 올릴 사
진이 없으면 어디 가서 사진을 찍어 어떻게 이야기를 꾸며 구
성하면 좋을까, 하는 식으로 구상을 하고 찾아나선다. 이를테
면 싸이월드를 위한 외출을 한다는 이야기이다. 행선지를 정할
때도 사진이 아름답게 나올 만한 곳을 찾게 되고, 음식점에 갈
때도 싸이월드에 올리지 않은 낯선 곳을 정해 새로운 맛집으로
소개하고 싶은 마음이 앞서니, 정말 중증이긴 중증이다. 식당
에 가서도 언제나 사진이 잘 받는 햇살 좋은 곳을 선택하고, 음
식도 가능하면 사진이 잘 나오는 색감 좋은 음식으로 정한다.
음식이 나오면 곧장 카메라가 나오는 건 기본이고…….

이렇듯 언제 어느 곳을 가도 촬영을 하고 홈피에 사진을 올

리니, 외출을 할 때면 자연스럽게 방송 출연을 하듯 화장을 하고, 옷차림에도 신경을 쓰게 된다.

'아, 까만색은 너무 많이 입었어, 오늘은 좀 밝은 색 옷을 입어야겠다. 사진도 좀 화사하게 나오게. 아참, 어제 입었던 옷이 뭐더라? 그거 입으면 안 되지?'

내가 생각해도 생활의 재미를 위한 싸이월드인지 싸이월드를 위한 생활인지, 바뀌어도 한참 바뀐 것 같기도 하다.

정리하자면 싸이월드로 인해 일부러 외모를 가꾸게 되고, 싸이월드 덕분에 즐거운 외출을 많이 해서 좋고, 사진을 많이 찍다 보면 포즈도 자연스러워지고 또 사진이 예쁘게 나오면 자꾸 사진을 찍게 되고 그러다보면 점차 외모에도 자신감을 갖게 되는 것이다. 그리고 사진만 올리는 것이 아니라 글도 함께 써야 되기 때문에 글 솜씨도 부쩍 성장하게 되고, 글을 쓰면서 자신의 생각을 정리하게 되니, 한결 생각의 폭이 넓어지고 사고가 성숙해진다. 거기다 인간관계까지 넓어지고 깊어지니, 이보다 좋은 문명의 이기가 어디 있겠는가?

물론 싸이월드에 빠져 겪을 수밖에 없는 폐단점도 있다. 무엇보다 사생활 노출이 가장 큰 관건인데, 그 부분에 대해선 나 스스로 적절하게 조절하고 있다. 나 같은 경우는 어차피 방송을 통해 상당 부분 노출이 되어 있고, 잡지나 방송을 통해 가족도 여러 번 공개돼 그다지 꺼려지는 점이 많지는 않다. 문제는 위낙 내 성격이 남의 시선을 의식하지 않는 편이라 다른 이에게 실례를 범하는 경우가 종종 발생한다. 아무래도 내 본위로 사진을 올리다 보니, 다른 사람이 원치 않는 사진을 올리는 경우도 종종 있어 그럴 때 가끔은 갈등 요소가 생기기도 한다. 그러나 그건 워낙 사진을 많이 올리다 보니 생기는 실수고, 세심하지 못한 나의 성격상의 실수일 뿐이다.

그리고 조회 수가 하루에 1,500~2,000명 가까이 되니 매일매일 업데이트를 해야 한다는 조바심에 시달리기도 한다. 그래서 딱히 올릴 게 없을 때는 소재를 찾아 여기저기 기웃거리기도 하면서 내가 싸이월드를 지배하는 게 아니라, 싸이월드가 나를 지배하는 것 같은 느낌이 들 때도 있다. 가끔은 아이들과 마찰을 일으킬 때도 있는데, 집에 가면 바로 컴퓨터를 켜 싸이월드를 확인하는 나를 보고는 아이들이 "엄마는 싸이 중독이야, 커뮤니티 중독자야!"라며 투덜댈 때가 있다. "엄마, 또 싸이월드 할 거죠? 오늘은 싸이 하지 마세요!" 하고 간청할 때는 '아, 내가 너무 싸이월드에 나를 빼앗겼구나.' 하고 나를 돌아보게도 된다.

또한 좋은 모습, 행복해하는 모습만 보여줘 간혹 오해가 발생하기도 한다. '아, 저 윤영미라는 아나운서는 참 화려하게도 산다. 만날 파티에 맛있는 거 먹으러 다니고 즐겁게 아무 걱정 없이 사는구나!' 하고 생각들을 하는 것이다. 그러나 실상은 그렇지만도 않다. 싸이월드라는 공간은 내 맘대로 내가 꾸밀 수 있는 공간이므로 얼마든지 부풀리고, 일정 부분 가식을 부릴 수 있다. 남편과 싸우고, 눈물 흘리고, 괴로워 머리를 뜯는 모습은 싸이월드에 올리지 않으니까 말이다.

어쨌든 단점이 있지만 싸이월드를 통한 내 모습도 결국은 나다. 어느 정도 나를 드러내고 나를 느낄 수 있는 건 분명하다. 누군가 내 싸이월드를 방문했을 때는 나의 냄새를 맡을 수 있다고 생각하는데, 가령 그날그날 내 기분에 따라 바꿔놓는 배경음악이나 기분을 표시하는 이모티콘, 사진과 글을 통해 인간 윤영미를 들여다볼 수 있다. 내가 갖고 있는 정보를 가져가는 경우도 있고, 서로 공감하며 친근감을 느끼는 것, 그것이 홈피의 장점이 아닐까?

이런저런 부정적인 면이 있음에도 시간을 너무 빼앗겨 해야 할 일에 소홀하지만 않는다면 나는 싸이월드가 내게 긍정적인 면이 훨씬 많다고 자신한다. 어차피 외로운 삶 가운데 놓인 우리들 인생에서 그나마 누군가와 생각을 함께 나누고 관계를 지속한다는 점에서 긍정의 힘이 훨씬 더 강한 커뮤니티라고 여기는 것이다.

내 싸이 폴더 중에서 가장 인기 있는 코너는 단연 '맛집 코너'. 워낙에 내가 예전부터 맛집 취재를 많이 했었고, 먹는 것을 즐기고 맛집을 찾아다니는 게 취미다 보니, 다양한 식당 소개를 많이 하게 된다. 요즘은 식당에 가면 음식이 나올 때마다 카메라를 들이대는 사람이 많아져서 그리 어색하지 않지만 처음에 내가 사진을 찍을 때면 같이 먹는 사람들이 참 불편해했다. "이제 먹어도 돼?" 하며 눈치를 보기도 하고, 식당에 도착해 여기저기 다니며 인테리어 사진을 찍다 보면 "왜 사진을 찍느냐?"며 제지하는 경우도 상당히 많다. 나는 싸이월드에 맛집을 소개하면서 비교적 부정적인 평은 안 하기 때문에 홍보 역할을 톡톡히 하는데도 주인들은 혹여 벤치마킹이라도 할까 봐 그런 식으로 만류를 하는 것이다. 그러면 속으로 '흥! 제 복을 제 발로 차네?' 하며 기분이 좀 상하기도 하지만 이제는 하도 내 홈피의 맛집이 유명해져서 사람들이 내 싸이를 뒤져서 손님 접대할 곳을 찾기도 하고, 내가 소개한 곳을 다녀와 너무 훌륭했다며 고마움을 표시하는 사람들도 많다. 상견례를 해야 하는데 어느 한식당이 좋으냐, 아내와 결혼기념일에 어디 가서 저녁을 먹으면 좋겠냐, 하며 문의해오는 사람들도 꽤 있다. 그래서 어떤 사람들은 은밀히 물어오기도 한다. 혹시 돈을 받고 싸이월드에 소개해주는 거 아니냐고. 천만의 말씀. 눈치 보며 사진을 찍어오는데 그건 말도 안 된다.

싸이월드를 통해 만난 인연 이야기를 하자면 정말 많다. 그 중에서도 싸이월드가 내게 선물해준 가장 큰 사람은 친구 J다. 그녀는 나를 만나기 전 근 2년간을 하루도 빠짐없이 내 홈피를 드나들며 외우듯 내 모든 글과 사진들을 속속들이 들여다보았

철두철미, 윤영미의 자기관리 비법

다. 내가 써놓은 글을 통해 자신의 삶을 투영하고, 자신에게 새겨져 있던 고통스런 상처를 덜 수 있는 커다란 위로를 얻었다고 한다. 그녀와 나는 감성의 패턴이 거의 비슷해선지 내가 어느 날 느낀 생각과 감정을 써놓으면 그녀 역시 고스란히 동일한 감정을 느끼고는, 소스라치게 놀랐다고 한다. 내가 나이 먹을수록 '그럴 수가 있나?'에서 '그럴 수도 있지.'로 바뀐다고 써놓으면 그게 그날, 그녀에게 꼭 필요한 말이었고, 세세한 감정에 관한 글을 올려놓으면 무릎을 칠 정도로 자신에게 현재 가장 필요한 문구였다는 이야기.

2년간을 하루에도 수차례 내 홈피에서 거의 살다시피 한 그녀는 내 지인들과 내 하루 일정을 꿰뚫을 정도가 돼, 내가 여행이라도 가서 며칠 홈피를 비우면 갑갑해할 정도였다. 그렇게 내 홈피를 통해 하루를 시작하고, 하루를 마감했던 그녀는 자신의 삶의 고난과 아픔을 동행해주고 위로해주었던 내가 너무 고마워 어떻게 하면 신세를 갚을 수 있을까 고민하기 시작했다. 그러던 어느 날 내 홈피에 댓글을 달기 시작했고, 나는 몇 달을 내 홈피에 살짝살짝 글을 남기는 그녀의 이름이 눈에 익기 시작했다. 나 역시 그녀의 홈피를 방문해 조금씩 댓글을 남기기 시작했고, 관심과 애정 어린 글을 교환하면서 내가 먼저 일촌신청을 하게 되었다.

그다음부터는 일사천리였다. 드디어 온라인 관계에서 오프라인 관계가 되었다. 처음에는 아나운서와 한 명의 팬과의 만남 정도라고 여겼던 관계였지만 다정한 댓글로 깊은 공감대가 형성되면서 진실한 교제로 이어졌고, 이제는 흔히 표현하는 베프^{베스트 프렌드}가 되어버렸다.

어느새 온라인, 오프라인을 통틀어 늘 함께 붙어사는 밀접한 친구가 된 그녀. 그녀와 나는 안부 전화로 매일 아침을 시작해 서로의 일거수일투족을 보고하며 일상을 보내고 있다. 진정으로 서로의 하루를 응원한다. 사람들은 그녀와 나를 볼 때면 종종 놀라 묻는다.

"홈피를 통해 만난 것 같은데, 어떻게 그렇게 친하게 되셨어요?"

거리감이 존재하는 가상의 공간 친구와 피붙이처럼 친해지는 경우를 보지 못했으니 당연한 질문인지도 모르겠다. 그러나 어쩌겠는가. 내게는 홈피가 인간과 인간을 연결해주는 훌륭한 장치인 것을.

"싸이월드야, 고맙다~~ 네가 있어주어 그래도 덜 외롭구나!"

내게 싸이월드라는 온라인 공간은 서로의 마음을 이어주고, 움직이고, 밀접하게 만들어줄 수도 있다. 폐해도 못잖게 많은 온라인, 그러나 그것이 주는 소통은 대단히 큰 수익이 아닐 수 없다.

無취미는 향기 없는 꽃이다

WONDERFUL PASSION

"당신의 취미는 무엇입니까?"

"……독서? 영화 감상?"

머뭇거리며 이처럼 말한다면, 말하는 이도 듣는 이도 속으로는 분명 이렇게 중얼거리고 있을 거다.

'사실 별다른 취미가 없네요.'

'저 사람 인생을 즐길 줄 모르는 사람이군.'

물론 정말로 취미가 독서와 영화 감상인 이들도 많다. 밥 먹는 것보다 책 읽는 것을 좋아해 한 달에 20권도 넘게 책을 읽어

여태껏 읽은 책이 수천 권을 넘는 사람도 있다. 마찬가지로 영화 마니아들도 무척 많다.

그러나 우리들 중에 많은 이들은 자기소개서에 등장하는 취미 란 앞에서 늘 머뭇거린다. 그만큼 딱히 내놓고 자랑할 만한 취미가 없는 탓이다. 그러니 손쉽게 독서나 영화 감상 같은 평범한 취미를 적는다. 말하기도 쉽고 받아들이기도 쉬운 그런 평범한 것. 그런 것 보면 사실, 다들 별 취미 없이 그냥저냥 일상에 묻혀 살아가는 것 같기도 하다.

"먹고살기에도 빠듯한데 취미는 무슨?"

혹자는 취미를 즐기려면 돈도 필요하고, 시간도 필요하다는 착각에 불퉁거리기도 한다. 취미란 게 고상한 품격이 물씬 풍기거나, 고가의 장비가 있어야만 할 수 있는 스포츠 같은 것으로만 여기기 때문이다.

그러나 취미라는 게 뭐 별건가? 먹고살기 위한 것 말고 본인이 한 숨 돌리며 스트레스를 풀 수 있는 도구 아니던가. 사실 잘 찾아보면 우리들 모두는 저마다 취미가 분명 있다. 마음이 쏠리고, 하고 있으면 시간 가는 줄 모르게 재밌는 것들이 하나씩 있다.

나는 아나운서라는 밥벌이만큼 내가 좋아하는 취미에 많은 공을 들이는 편이다. 내 취미는 좀 엉뚱하기는 하지만 '배우는 것'이다. 나는 모르는 것을 배울 때 정말 재밌다. 그래서 이것

철두철미, 윤영미의 자기관리 비법

저것에 호기심이 날 때면 머릿속에서 '해볼까 말까?' 하고 재지 않고, 직접 몇 번씩은 꼭 간(?)을 본다. 생각만으로 가부를 결정하는 게 아니라, 직접 간을 보고 내 적성에 맞는지 안 맞는지를 판단한다.

그렇다고 거창한 것을 배우는 것은 결코 아니다. 그저 내가 좋아하는 걸 조금씩 배우고 있다. 가장 오랫동안 배우고 있는 것은 바로 '춤'과 '요리'. 스포츠는? 대한민국 최초의 여성 프로야구 캐스터였지만 이상하게도 스포츠는 영 생리에 맞지 않는다.

말했다시피 나는 천성이 신바람 나게 노는 것을 좋아하는 체질이다. 그러니 자연스럽게 어릴 적부터 춤에 호기심이 갔다. 그러나 당시만 해도 '춤'이란 뉘앙스는 영 바람직하게 취급받지 못했던 게 현실이었다. 제비족 아저씨와 바람난 아줌마 같은 이미지였으니 말이다. 그래도 영화나 매체를 통해 스페인이나 아르헨티나의 풍경을 볼 때면 다른 건 몰라도 자연스럽게 몸을 부비며 추는 그들의 춤에 가슴이 콩닥콩닥 뛰는 것만큼은 참을 수 없었다. 다행히 몇 년 전부터 우리나라에도 건전한 춤바람이 불기 시작했으니 내게는 정말 다행일 수밖에!

나는 지금도 틈만 나면 살사와 벨리댄스를 춘다. 어떤 걸 배울 때보다도 열정이 용솟음친다. 강한 비트에 맞춰 춤을 출 때 행복한 걸 보면 전생에 혹시 내가 남미의 무희가 아니었을까 야릇한 상상을 해보기도 한다. 나는 남들이 운동 후 땀을 흘리며 노폐물이 빠져나가는 카타르시스를 느끼듯 춤을 출 때면 허공으로 몸이 붕 떠오르는 절정을 느낀다. 어디선가 리듬 있는 음악이 울려 퍼지면 어느새 내 안에는 뜨거운 정열의 피가 끓어오른다. 이렇게 얘기하니 누가 보면 내가 굉장히 춤을 잘 추는 줄 알겠지만 사실 잘 추진 못한다. 잘하는 것과 좋아하는 건 엄연히 다른 것이니까…….

그리고 내가 오랫동안 배우고 있는 것 중의 하나가 바로 요리다. 맛있는 걸 유독 좋아하고 먹는 데 관심이 있다 보니, 자연스럽게 만드는 것에도 관심이 갈 수밖에. 그래서 아나운서 후배들과 함께 요리를 배우기 시작해 오랫동안 요리를 배우고 있다. 물론 꼬박꼬박 충실히 배우는 편은 아니다. 레시피만 잔뜩 껴안고 있을 뿐 막상 실습은 거의 하지 못한다. 살림도 늘 하던 사람이 이력이 나 탄력이 붙는 것이지 나같이 살림에 문외한이 어디 그런가. 요리라도 한 번 할라치면 온갖 그릇들을 다 끄집어내, 요리하는 과정이 요란하고 번거로워져 그만 진력이 나버린다. 그럼에도 요리 강습을 그만두지 않는 것은 언젠가 내 가족을 위해 꽃같이 예쁜 식탁을 차리겠다는 꿈을 갖고 있기 때문이다.

철두철미, 윤영미의 자기관리 비법

내 나이 거의 쉰을 바라보고 있지만 난 늘 꿈을 품고 산다. 남편과 아이들을 위해 예쁜 하트 모양이 그려진 앞치마를 두르고 식탁을 차리는 것. 가족들이 맛있게 밥 먹는 모습을 지켜보는 그림. 정말 안 먹어도 배부른 그런 광경 아닌가?

살림에 뜻도 재능도 없는 나도 그런 장면을 가장 아름다운 장면으로 손꼽고 있기에 언젠가 집에 들어앉아 살림을 할 때, 꼭 필요하리라 생각하며 레시피를 꼭꼭 쟁여놓고, 언젠가 요긴하게 쓸 그날을 고대하고 있다. 그 꿈이 이루어지건 이루어지지 않건 꿈은 나를 늙지 않게 한다.

| 취 미 가 일 이 되 는 꿈 을 꾸 어 라 |

요즘은 취미생활이 단순한 의미의 여가활동으로 그치지 않는 경우가 갈수록 늘고 있다. 취미란 말 그대로 밥벌이가 아닌, 내가 좋아하고 온전히 즐길 수 있는 영역을 말하는데, '내가 좋아하는 것'이 곧 '세상에서 제일 재밌는 밥벌이'가 될 수 있다는 생각을 하는 것이다.

SBS 아나운서 윤영미의 열정

나는 이렇게 취미를 곧 직업으로 승화시키는 것이 가장 옳은 진로 선택이 아닐까 생각한다. 빌 게이츠가 돈을 벌려고 컴퓨터를 만들었던가? 컴퓨터 만드는 게 세상에서 제일 재밌는 취미였기에 자연스럽게 직업이 되었던 것뿐이다. 우리가 흔히 내 적성에 맞는 직업을 찾으라고 할 때의 적성이란 게 바로 취미가 아니겠는가!

먹고살기 위한 생업이 따로 있고, 하고 싶고 재밌는 취미는 따로 있는 대부분의 사람들은 자신의 힘을 온전히 쏟아 붓는 것도 모자란 판에 반으로 나누고 있는 것일지도 모른다. 반면에 취미가 바로 일이라면 그 얼마나 신나게 살 수 있을까?

그래서인지 요즘은 일상 탈출을 꿈꾸며 취미에 몰두하고, 또 과감하게 취미를 생업으로 전환하는 사람들이 늘어나고 있다.

내가 아는 한 치과의사는 나처럼 요리에 아주 관심이 많아서 답답한 새장 같은 병원을 벗어나 언젠가 식당 하나 차리는 게 꿈이었는데, 정말 어느 날 과감하게 그 꿈을 실현시켜 콩비지찌개 집을 떡하니 차리고 앞치마 두른 식당 주인이 돼 아주 흡족한 웃음을 지으며 살고 있다. 어떤 이는 잘나가는 외국 기업의 임원이지만 그림을 워낙 좋아해 국내나 외국 출장길이면 언제나 전시회를 찾아다니다 차츰 그림에 욕심이 생겨 지금은 꽤 많은 그림을 소유하게 되었다. 그러면서 요리에도 관심이 많아 언젠가 은퇴하면 작은 레스토랑을 열고 그동안 사 모은 그림을 돌아가며 걸고 유유히 노년을 보내겠다고 입버릇처럼 이야기하곤 한다.

　누구에게나 소중한 꿈 하나씩은 있게 마련이다. 모두가 그 꿈을 이루고 싶어 한다. 그러나 꿈을 이루는 사람은 그리 많지 않다. 왜 그럴까? 꿈취미과 현실밥벌이 사이의 간극을 메우는 노력이 부족했기 때문 아닐까?

　핑계는 많다. 부모의 반대로, 돈이 없어서, 나이가 많아서, 사회가 공평치 않아서……. 이제까지 내가 본 꿈을 이루고 행복해하는 사람들은 모두 일단은 꿈이 있었고, 그 꿈을 이루기 위해 많은 노력을 해왔고, 또 역경을 헤쳐온 사람들이었다. 그냥 하늘에서 저절로 꿈이 떨어진 사람은 한 명도 없다. 좋아하는 일을 하긴 하나 치열하게 갖은 장애를 겪어나가며 비로소 꿈이 완성돼가는 것이다.

　꿈을 이루지 못했다고 한탄만 늘어놓고 있을 수는 없다. 하고 싶은 일을 하지 못하고 있다고 불평만 한다면 아무런 미래도 없다. 어쩔 수 없다면 지금 하는 일을 즐길 수밖에 없다. 내가 처해 있는 환경에서 나의 일을, 나의 현실을 즐겁게 여기고 행복해하려고 애쓰는 것이 바로 불행을 현실로 바꾸는 마법이다.

　콧노래 부르며 운전하는 택시 기사, 승객들에게 활기찬 인사를 건네는 버스 기사, 항상 밝은 웃음으로 입주민들에게 반가움을 선사하는 경비 아저씨, 손님이 맛있게 먹는 모습을 흐뭇하게 지켜보는 식당 주인, 내가 닦은 구두가 하루를 빛나게

한다는 자부심을 갖는 구두닦이……. 그 사람들의 현실은 반드
시 행복과 직결되지는 않지만 행복으로 가는 직행버스를 탄 것
만은 확실하다고 나는 믿는다.

✢

철두철미, 윤영미의 자기관리 비법

직장과 가정,
모두 포기하지 마라

WONDERFUL | PASSION

PART 04 철두철미, 윤영미의 자기관리 비법

잡지에서 가끔씩 취재 요청이 들어올 때가 있는데 대부분 주제는 다음과 같다.

'일과 가정, 어떻게 하면 두 마리 토끼를 성공적으로 잡을 수 있는가?'

유독 이런 부분에 관심이 많다는 것은 한국 사회에서 직장과 가정이라는 두 영역을 성공적으로 운영하는 게 그만큼 어렵다는 반증이다. 특히 '한국 사회에서 미혼 여성이 일로써 성공

하는 것은 절반의 성공이다.'라는 말도 있듯이 우리들에게는 아직까지도 결혼과 동시에 가정을 야무지게 꾸려야 하는 게 숙명처럼 눈앞에 놓인 과제이다. 이처럼 둘 모두에서 성공하기란 참으로 버거운 일이기에, 두 영역에서 성공적으로 살아가는 여성은 세간의 관심을 받을 수밖에 없다. 한국에서 여성이 결혼한다는 것은 알다시피 한 남자와 하는 것이 아니고, 한 집안과 결속하는 것이다. 결혼하면 미혼일 때보다 두 배로 할 일이 많아지는 게 아니라 서너 배는 많아진다. 아이까지 생기면 해야 할 일은 그 몇 배가 될 수밖에 없다.

요즘은 그래도 남자들의 의식이 많이 향상돼 맞벌이 부부의 경우 공평하게 희생을 분담하는 가정이 늘어나고 있다고는 하지만, 아직까지도 집안일의 많은 부분에서 여성의 책임이 큰 게 현실이다. 남편이 가끔씩 설거지도 돕고, 쓰레기 분리수거도 하지만 그저 도와주는 수준일 뿐이다. 자기 집 일을 자기가 하는데, 왜 남편이 하면 꼭 '도와주는' 게 되고, 아내의 경우는 본인의 일처럼 당연시 여기는지? 같이 사는 부부가 손이 바쁠 때는 같이하는 게 당연한데, 아내가 파김치가 되어 돌아와서도 혼자 집안일에 얽매이는 건 정말 불공평한 일이 아닐 수 없다. 자녀에 관한 일도 거의가 다 엄마 몫이다. 아이의 학교 방문이나 선생님을 찾아가는 일, 숙제 봐주는 일, 재우고 씻기는 일까지도 거의 모두 아내 책임이다.

반면에 남편은 처가의 대소사에 빠져도 눈총받지 않고, 며느리가 시댁 대소사에 빠지면 큰일이라도 난 듯 난리를 치는

철두철미, 윤영미의 자기관리 비법

것, 참 이상한 일이 아닐 수 없다. 당당히 한 인간으로 성장해 교육받고 서로 사랑해 결혼했는데, 왜 여자는 시댁 식구들에게 늘 머리를 조아리고 뭔가 당당하지 못한 취급을 당하는가? 왜 명절에 시댁 우선이 돼야 하고, 시댁 가는 건 당연하고 친정 가는 건 보너스가 돼야 하나? 왜 시부모 선물은 더 비싼 걸 사야 하고, 친정 부모 선물은 눈치 보며 싼 걸로 사야 하나? 요즘은 물론 딸 잘 둔 사람이 비행기 타고 외국 여행 간다고 하는 얘기도 있지만 그건 예전에 비해 나아졌다는 자조적인 이야기일 뿐, 아직 진정으로 공평해지려면 꽤나 오랜 세월이 필요하지 않을까 싶다.

나는 그리 불리한 결혼생활을 하는 건 아니지만, 나 역시 역할 분담이라든가 시댁, 친정의 공평한 배분 문제가 싸움의 요인이 되곤 한다. 그때마다 내가 갖고 있는 방법은 늘 같다. 뭐, 뾰족한 수가 있는가? 두 마리 토끼를 다 잡으려다가는 둘 다 놓칠 수 있으니, 그냥 두 마리 사이에서 적당히 사이좋게 행동하라는 것!

오랫동안 직장 생활을 하면서 기혼 여성으로서 느낀 어려움은 비단 나만의 어려움이 아니라 우리 모두의 어려움일 것이다. 가장 큰 어려움 중의 하나! 남자들의 삐딱한 시선도 한몫한다.

"부부가 함께 일하니 양쪽에서 벌어 쌍끌이 하니 얼마나 좋으냐?"

아니면, 남편이 벌고 여자는 그냥 보조의 의미에서 부수적인 벌이를 하는 것 정도로 취급하는 말을 들을 때 엄연히 여자도 남자와 똑같이 공부하고 경쟁해 직장에 입사했는데, 남편이 벌건 안 벌건 그게 직장의 다른 남자들과 무슨 상관이 있으랴?

회사에 나와 있어도 반은 정신이 집에 있는 아이에게 가 있고, 학교에서 무슨 일이 있거나 형제 녀석 둘이 싸우다 제 엄마에게 전화 걸어 형이 잘못했다느니 동생이 잘못했다느니 고자질해도 엄마는 민망해 밖에 나가 조심조심 전화를 받으며 가슴이 조마조마 방망이질 친다. 아이가 아파 회사에 늦어도 사실대로 말하지 못하고 집안에 중요한 일이 있어서고, 회식에 참여 못해도 곧이곧대로 말할 수 없는 분위기.

물론 내가 사주의 입장이라도 이런 잡다한 문제에서 걸릴 게 없는 남자 사원이 더 믿음직스러울 것 같기도 하다. 결국 그래서 어려움을 느끼는 많은 여성들이 아이 낳는 걸 꺼려해 출산율이 이제는 전 세계에서 꼴찌를 기록하는 현실이지 않겠는가. 인구가 지나치게 줄어 국가적인 경제력이 뒤처지면 그 문제는 한 여인의 문제가 아니라 우리 모두의 문제, 나라의 문제가 되는 것이다.

나는 결혼해서 남편과 그 문제로 치열하게 싸웠고, 이제는

철두철미, 윤영미의 자기관리 비법

남편도 어느 정도 의식화되어서 설거지, 빨래, 쓰레기 정리는 자신이 하는 일로 알고 있을 정도가 되었으며, 두 아이도 뭐든 집안일을 도와야 용돈도 주고, 자신의 일은 자신이 하는 걸로 알게 교육하고 있다.

무엇보다 중요한 것은 마음가짐이다. 즉 집안일과 직장 생활 양쪽을 완벽하게 하는 슈퍼우먼은 세상에 없다는 것이다. 다만 지혜롭게 시간을 배분하고 일을 배분하며 적당한 선에서 만족할 줄 알아야 한다고 생각한다. 우리가 꿈꾸는 유토피아가 없듯이 우리가 꿈꾸는 슈퍼맘은 현실에선 불가능하다.

나는 매일같이 직장에선, 퇴근해 집에 가면 집안 정리도 좀 하고 밑반찬도 만들고 해야지, 하고 다짐한다. 그러나 막상 집에 들어가면 긴장이 풀려 손가락도 까딱하기 힘든 게 현실이다. 그대로 널브러져 있으면서 자기 자신을 자책하기도 한다.

"이렇게 이도저도 아닌, 양쪽 모두 이렇게 허술하게 할 거면 다 그만둘까?"

그러나 이내 마음을 고쳐먹는다. "전업주부라도 어차피 완벽이란 건 없어. 그럴 바에야 하고 싶은 일을 하며 돈도 벌고, 사회적으로도 인정받는 게 더 좋지. 아이들도, 남편도 어쩌면 자기 일에서 확고한 위치를 갖는 아내와 엄마를 기대할지도 몰라." 하고 나를 타이른다.

나는 평일엔 아내와 엄마 역할을 눈 딱 감고 생략한다. 회사에서 회식이나 모임이 있으면 가급적 빠지지 않고 참석하지만,

대신 주말에는 철저하게 가정주부로 돌변한다. 집에서도 적극
적으로 내 일을 줄이는 스타일인데, 조금이라도 내 일을 줄이
기 위해 첨단 가정용품을 활용하기도 하고, 일을 도와주는 도
우미를 채용하기도 하고, 생략해도 되는 일은 과감히 삭제하기
도 하고, 너무 깔끔 떨지 않고 적당히 몸이 편한 쪽으로 타협하
기도 한다. 일주일치 분량의 장을 보면서도 마트에서 가족 나
들이를 즐긴다고 생각하고, 함께 집을 정리하고 요리를 만들며
가족 간의 화합을 돋운다고 생각한다. 모든 걸 내 손으로, 내가
해야 직성이 풀리는, 그 완벽주의자적인 생각을 버리는 것이
일과 가정을 양립할 수 있는 첫걸음이 아닐까 생각해본다.

철두철미, 윤영미의 자기관리 비법

지금 눈앞의 사람에게 주목하고 최선을 다해야 한다. 어떤 잘못을 한 적이 있는 사람이라도 선입견을 가지고 봐서는 안 된다. 그때 상황에서 안 좋은 인물로 부각되었을 뿐이다. 그 사건을 봐야지, 그 사람을 봐서는 안 된다. 내 주위의 사람들에게 호의를 베풀자. 가식이라고 생각해도 호의를 베풀어라.

PART 05

정성백배,
마당발
윤영미의
인맥관리

당신을 만나서 행복합니다

WONDERFUL PASSION

오늘 나의 하루는 어땠나? 기억나는 것은 내가 오늘도 수없이 많은 사람을 만났다는 것이다. 직장에서 늘 보는 동료를 빼고도 처음 만나 인사를 나눈 사람만 해도 열 명이 넘는 것 같다. 그중에는 앞으로 우연이라도 마주칠 일 없는 이도 있고, 또 어쩌면 지금은 알 수 없지만 내 인생의 소중한 벗이 될 이도 혹 있을지 모른다. 고백하자면 오늘 만나 인사한 한 분은 꼭 한 번 다시 만나 뵙고 싶은데, 과연 그럴 기회가 올까? 뭐, 아니면 내가 기회를 만들어야지. 그 사람 한 명을 만난다는 건 어쩌면 내 인생을 획기적으로 바꿀 수 있는 좋은 기회가 될지도 모르고 또한 그가 갖고 있는 인적 재산을 내 것으로 만들 기회일는지도 모르니까. 이렇듯 우리는 하루하루 타인과 인연을 맺고 혹은 끊으며 살아간다. 어쩌면 우리들 인생이란 사람과의 인연이 전부일는지도 모른다. 사람으로 인해 행복해하고, 사람으로 인해 고통받는 게 우리네 인간의 숙명이 아닐까 싶다.

문득, 어느 책에서 읽은 내용이 떠오른다. 한 심리학자의 연구에 따르면 기업에서 소위 잘나가던 유망주들 상당수가 실패한 이유를 조사하니, 기술적인 무능함이 아니라 대인관계의 결함 때문이었다고 한다. 분명 뛰어난 재능을 지니고 있는데도 실패한 그들에게서 공통적으로 발견된 치명적인 결점이 다음과 같은 대인관계와 관련된 것들이었다고 한다.

1. 다른 사람들과 협력관계를 형성하지 못하는 것
2. 권위적인 태도와 행동
3. 상사와의 상습적인 갈등

제아무리 능력이 뛰어나도, 인화人和가 없으면 그는 집단에서 따돌림을 당할 수밖에 없다. 우리는 무인도에서 홀로 사는 존재가 아니기에 그렇다고 볼 수 있다. 비단 인간만의 문제는 아니다. 모든 동물들이 '혼자'라는 사실을 두려워하기 때문에 본능적으로 무리를 지으려고 한다. 영화 '캐스트 어웨이'의 주인공 톰 행크스는 혼자라는 외로움을 달래기 위해 하다못해 배구공을 친구로 만들어 무인도 생활을 버텨내지 않던가. 아프리카 초원의 왕 수사자도 젊은 수사자에게 무리를 빼앗기고 홀로 초원을 떠돌면 얼마 못 가 시나브로 죽고 마는데, 즉, 동물은 무리를 이뤄야 안심하는 존재들인 것이다. 그렇기에 무리에 끼지 못하면 오래 버티지 못하는 속성이 있다.

이러한 본능의 기저에는 무리에 섞여 있어야 외부의 위험으로부터 자신을 방어할 수 있는 가능성이 높아지기 때문이라고 심리학에서는 말한다. 예를 들어 하찮은 물벼룩조차도 무리를 짓고 다니는데, 그래야만 물고기로부터 공격당할 가능성이 현저히 줄어들기 때문이라는 것이다. 떼로 몰려다니는 물벼룩 무리가 포식자인 물고기의 주의를 분산시켜 희생을 줄일 수 있다는 이유라나? 물고기 한 마리가 물벼룩을 표적으로 삼아 집어삼키려는 순간, 그 주변의 다른 물벼룩들에게 한눈을 팔게 되

SBS 아나운서 윤영미의 열정

어 표적을 놓칠 가능성이 높아진다는 이야기. 결과적으로 밀도
가 높은 물벼룩 군집을 만나면 포식자가 먹어치울 수 있는 물
벼룩의 양은 상대적으로 적어진다는 것. 이를 포식자에 대한
물벼룩 군집의 '혼란 효과'라 한다.

이렇듯 무리를 이루는 것을 '생존 본능'으로 받아들이는 우
리에게 있어 무리의 결속을 해치는 존재는 제거의 대상일 뿐이
다. 모난 돌이 정 맞는다는 옛 속담이 틀린 말이 아니다.

| 사 람 만 나 는 게 갈 수 록 어 렵 다 고 ? |

그런데 우리 주변을 둘러보면 의외로 대인관계에 공포를 느
끼는 사람들이 참 많다. 지위가 높고 돈이 아무리 많아도 타인
과의 갈등으로 괴로워하는 사람이 많은데, 반대로 형편은 그
다지 넉넉지 않아도 자분자분 살아가며 재벌 부럽지 않은 풍성
한 가족애로 행복하게 살아가는 이들도 적지 않다.

글쎄, 내 생각이지만 대인관계를 잘 맺고 못 맺는 것은 그
사람의 성향에 기인하는 것 아닐까 싶다. 굳이 나누자면 혼자
있는 시간에 에너지를 충전 받는 타입이 있고, 혼자 있으면 오
히려 처지고 기운 빠지는 타입도 있는데, 나는 후자 쪽에 가깝
다고 할 수 있다. 나는 누군가와 눈을 맞추고 이야기하며 삶의
에너지를 충전하는 타입이니까.

정성백배, 마당발 윤영미의 인맥관리

나는 한나절이라도 집에 가만히 앉아 있으면 도리어 기분이 가라앉고 생기가 없어진다. 나로서도 어찌할 수 없는 타고난 성정이리라. 물론 모든 사람은 아니겠고, 좋은 사람을 만나고 있을 때, 맘에 맞는 사람을 찾았을 때, 나는 정말 즐겁다. 마치 로또에라도 당첨된 듯 횡재한 느낌이랄까. 그러고 보면 난 천성이 사람 가운데 속해 있어야 행복감을 느끼는 사람인가 보다.

그런 점에서 내가 미니홈피를 열심히 가꾸는 것도 사람 간의 교류를 중시하고 좋아하기 때문이다. 서로서로 오가는 정에 매료됐다고 볼 수 있을까. 일일이 만나서 통성명을 하고 전화를 하고, 만나고 이야기를 나누는 약간은 번잡한 격식을 미니홈피라는 온라인 홈페이지는 간소하게 해주고, 손쉽게 서로를 알게 해주는 좋은 도구가 되어주니 말이다. 물론 온라인의 세계는 분명 허수가 존재하고 일정 부분만 들여다볼 수 있다는 한계가 있긴 하지만, 그 사람의 냄새를 어느 정도 느낄 수 있다는 장점만큼은 높이 살 만하다.

| 목적 없는 만남이라고 소중하지 않나? |

흔한 말로 삶을 살아가며 진실한 벗을 한 명이라도 사귀었으면, 그 사람의 인생은 성공했다고들 말한다. 그렇다면 그 진실한 벗은 어떤 벗을 말하는 것일까? 나는 기꺼이 목숨을 대신 내어줄 수 있는 친구니 뭐니 하는 거창한 말보다 이렇게 말하고 싶다. 목적이 없어도 반갑게 만날 수 있는 친구라고. 그런 친구는 널리고 널렸다고? 글쎄, 천만의 말씀이다. 어릴 적에는 그런 친구들이 주위에 널렸겠지만, 나이가 들고 세상에 휩쓸리다 보면 어느새 목적 없이 만나는 친구는 점차 희박해진다.

"어떻게 그렇게 많은 사람들과 친할 수 있나요?"

주위에서 내게 지인이 많은 것을 알고 궁금해하며 물을 때, 내 대답은 좀 시시하다.

"밥을 같이 먹어요. 가끔은 술도 한잔하고."

이렇게 대답하면 표정은 대개 '그게 전부가 아닐 텐데?' 하는 표정이다. 그러나 그렇게 생각하는 것 자체가 만남을 꼭 무슨 목적하에 이뤄지는 프로젝트라고 생각하고 있는 것은 아닌지 의심해봐야 하지 않을까?

함께 둘러앉아 밥을 같이 먹는다는 게 얼마나 멋진 일인가? 하루 방송을 끝내고 나서도 밤늦게 귀가하기 전까지 내 일과는 끊임없이 이어진다. 나는 점심 약속, 저녁 약속, 티타임 약속이 거의 매일같이 있는데, 인간관계에 있어 함께 밥을 먹는다는 건 정말 중요하다고 생각하기 때문이다. 함께 같은 자리에 앉아 같은 재료의 음식을 먹으며 미감을 나누는 행위, 그것은 '밥이 주는 그 이상의 의미를 갖고 있다'라고 생각한다.

나는 내가 속한 여러 모임이 있는데, 그중 패션, 뷰티 업계 쪽의 지인들이 뭉쳐 아무 목적 없는 모임을 벌써 몇 년째 지속하고 있다. 모임 이름은 '어차피'. 왜냐하면 어차피 라는 말 뒤에는 '어차피 가는 인생 즐겁게 살자' 등등 여러 가지 의미를 바꿔가며 붙일 수 있기 때문에 그냥 어차피로 이름을 붙였는데, 호텔, 코스메틱, 홍보, 잡지, 패션, 여행업에서 일하고 있는 소위 잘나가는 사람들의 모임이다. 거의 다 대표급들이라 사실, 방송사의 평범한 아나운서인 나로서는 쉽게 맞먹을 수 없는 분들이지만 마흔 중, 후반의 성공한 사람들끼리 교감할 수 있는 부분이 있고, 서로 허물없이, 그리고 사심과 이해관계 없이 만나 다양한 분야의 화제로 흥미로운 대화를 나누기에 오래도록 관계가 이어지는 것 같다.

우리는 모여서 생일축하 하는 날, 머리띠에 유치한 복장을 하고 손뼉을 치며 놀기도 하고, 일 년에 두 차례 MT를 가서는 누가 볼까 창피하지만 숨바꼭질이나 수건돌리기 같은 놀이를 하며 어린아이같이 너무나 즐거운 시간을 갖곤 한다. 그래서 얻는 것? 글쎄, 돈과 명예가 아닌 순수한 행복감 아닐까? 그리고 공감. 글쎄, 그 행복과 공감은 돈으로도 살 수 없는 귀한 충만감과 살아가는 힘이라 생각한다.

또 하나의 모임은 꼬막집에서 주로 모인다 해서 '꼬막네'라 이름 붙인 모임인데, 가수 '강허달림'을 좋아하는 사람들끼리 우연히 결성된 모임으로 아나운서, 변호사, 음악카페 사장, IT

업계 대표, 주부, 스타일리스트를 비롯한 공통분모가 없는 사람들끼리의 모임으로 그냥 허물없이 웃고 떠드는 자발적인, 소위 목적 없는 모임인데, 어쩌나 만나면 즐겁고 유쾌한지 만나고 나면 웃음 주름이 몇 개나 늘어난 것 같은 기분이다. 글쎄, 남들처럼 이웃을 돕는다거나 하는 거창한 목적은 없지만 인생 살면서 이렇게 기쁨과 즐거움을 함께 나눌 수 있는 사람들끼리의 만남은 참으로 정신건강에 이로운 소중한 만남 아닐까?

혹시 그런 말을 들어본 적이 있는가? "당신을 만나 행복합니다" 하는 소리……. 정말 듣기 힘든 말이다. 또한 들었을 때 이보다 더 나를 행복하게 해주는 말이 있을까 싶다.

얼마 전 대한민국 최고의 탤런트가 스스로 목숨을 끊은 엄청난 사건이 있었다. 그녀가 자식

237

을 두고 부와 명예를 버리고 목숨을 끊었을 때, 사람들은 이해
할 수 없다며 고개를 저었다. 하지만 나는 어느 신문 한 귀퉁이
에 실린 어느 심리학자의 칼럼을 읽고는 고개를 끄덕였는데,
그는 말했다.

"내가 정말 사랑하는 사람이 있어도 목숨을 끊을 수 있습니
다. 그러나 목숨을 쉽게 끊지 못하는 경우가 있습니다. 그것은
바로 나를 진심으로 사랑하는 누군가가 있다는 것을 아는 사람
입니다. 자신의 사랑은 포기할 수 있어도, 누군가로부터의 사
랑은 쉽게 포기 못 하거든요."

목적 없는 진실한 만남이 중요한 이유인 것 같다.

1,000개로 꽉 찬 핸드폰 전화번호부

혹시 핸드폰의 저장 가능한 전화번호가 몇 개나 되는지 알고 있는가?

정확하게 알아본 것은 아니지만, 내 핸드폰의 경우만을 놓고 볼 때 저장 가능한 번호의 개수는 정확히 1,000개다. 어느 날 전화번호를 저장하려는데 입력이 안 돼 알아보니, 저장 한도 1,000개를 넘었던 것이다.

"우와! 그 많은 사람을 다 알고 있다는 거예요?"

오늘날 아는 사람이 많다는 게 재산처럼 인식되고, 그래선지 인맥 넓히기가 무슨 현대인의 숙제 같이 돼버린 현실 속에서 많은 이들이 내 핸드폰 이야기를 듣고 깜짝 놀란다. 그만큼 내 마당발 스타일을 무척 부러워한다. 그러나 마당발 스타일이긴 하지만 난 결코 마당발은 아니다. 수많은 지인들 중에서도 진정 서로의 마음을 나누는 사람은 많지 않기 때문이다. 만난다고 다 밀도 있는 관계가 형성되는 것은 아니니까.

나는 아나운서라는 직업적인 이점으로 사람 만나는 데 있어 분명 유리한 입장이기는 하다. 아나운서라면 텔레비전에 모습을 보이는지라 대다수 사람들에게 만나고 싶은 대상이 되니까. 그러나 그건 몇 번으로 족할 뿐이지, 꾸준히 만나는 데 있어서 아나운서라는 이점이 계속 이어지는 건 결코 아니다. 그렇기에 처음에만 이점이 있지, 따져보면 일반인과 다를 게 없다.

나는 일단은 낯선 사람을 만나는 것에 특별한 거리낌이나 부담감이 없다. 이런저런 곳을 찾아다니고 낯선 사람을 만나 인터뷰를 해야 하는 직업적 특성도 한몫했을 텐데, 그래서인지 많은 사람들이 만남 자체를 어려워하는 것을 보면 참 안타깝다.

나는 만남 자체를 버거워하는 이들에게 좀 가벼워지라고 말하고 싶다. 만나서 서로 맞지 않으면 자연스레 멀어지게 되어 있으니까 그냥 좀 단순하게 생각하면 좋을 것 같은데⋯⋯. 첫 만남이라 해도 몇 마디 말을 나눠보면 내 스타일인지 아닌지는 쉽게 판단할 수 있지 않나? 첫 만남에서 호감이 가는 사람은 전화번호를 핸드폰에 입력시키고, 다음 만남을 기대하면 된다. 일 때문에 어쩔 수 없이 만난 사람이라도 별 호감이 가지 않는다면 머릿속에서 삭제를 하면 그만이고…….

나는 많은 사람들을 만나지만 허투루 내 사람으로 만들지는 않는다. 상대방이 내 타입인지 아닌지 판단을 명확히 하는 편이다. 우리는 영적인 존재라 눈에 보이는 것만을 바라보지는 않는다. 못지않게 숨겨진 마음의 눈이 있어 보이지 않는 사람의 마음을 어느 정도 바라볼 수 있지 않나? 그 사람이 나를 좋아하는지, 좋아하지 않는지, 마음의 눈을 통해 볼 수 있다는 말이다. 그래서 친구끼리도 나를 좋아하고 있는지, 아니면 마음이 멀어졌는지 굳이 입으로 말하지 않아도 알아챌 수 있지 않나? 그러니까 어떤 의도를 갖고 사람에게 접근하면 그것은 마음의 눈으로 느껴지는 법이다.

그렇기에 많은 사람과 만나 명함을 주고받고 이야기를 나누지만 그들이 다 내 사람이 되는 건 결코 아니다. 이를테면 일단 만나는 건 마음이 동하고 서로 여건이 허락하면 만나지만, 그 만남이 지속적인 인연으로 이어지는가의 관건은 서로의 필요와 호감, 그리고 무엇보다도 인간적인 코드가 통하는가에 달려 있다. 글쎄, 코드를 뭐라 바꾸어 말할 수 있을까? 거창하게 말하자면 가치관과 취향, 수준이라고 해야 할까?

일단 호감이 가는 사람이라고 판단하면 나는 적극적으로 인연을 맺으려 노력하는데, 명함에 있는 전화번호를 내 핸드폰에 입력하고, 헤어진 후에 감사의 문자를 보내거나 이메일을 보낸다. 아니면 미니홈피에 댓글을 남기며 호감을 표시하기도 하고……. 그러면 상대의 반응이 있게 마련이고, 그 반응에 따라 관계가 어떻게 진전될지 파악이 간다. 별 반응이 없다면 나도 그것으로 끝! 그러나 상대도 내게 인간적 호감을 느끼고 있음을 확인한다면 곧바로 약속을 잡는다. 당연히 나의 노력과 상대의 노력이 상충해야 좋은 관계가 이루어진다. 여기서 반드시 서로의 호감도가 맞아떨어져야 하는데, 만일 그것이 일방적이라면 간혹 갈등이 생기기도 한다. 한쪽이 일방적으로 자꾸 앞서 나가다 보면 반감이 생기기도 하고, 부담이 생길 수밖에 없는 일이다.

따라서 핸드폰 저장 번호가 많다는 게 꼭 자랑만은 아니다. 인맥이란 넓어서 좋은 점도 있지만, 그 인맥이 도리어 족쇄가 될 수도 있고, 그로 인해 불상사가 생기기도 한다. 우리 모두는 사람으로 인해 행복하고, 또 사람으로 인해 상처받지 않는가? 그 1,000명 중에는 나를 기쁘게 하는 이도 있지만, 관계가 어그러져 나를 힘들게 하는 사람도 꽤 있으니 말이다.

주위 사람들이 나를 두고 발이 넓다고 하고, 대단한 인맥을 자랑한다고 말하지만 사실, 내가 사람에 대한 욕심이 좀 남다르긴 하나 그렇다고 무슨 목적을 가지고 사람을 대하고, 인맥

넓히기에 힘을 쏟거나 하진 않는다. 다만 내 마음 안의 지인들에게 진실한 마음으로 최선을 다하고 서로 채울 수 있는 부분은 채워나가고자 노력할 뿐이다.

| 대인관계의 핵심은? 바로 진심 |

내 빠듯한 일상을 잘 아는 이들은 어떻게 그 많은 사람들을 만나고, 관리하느냐고 묻는다. 그런데 관리라니? 나는 그 말부터 틀렸다고 생각한다. 사람을 어찌 관리하나? 난 그저 꼭 만나야 하는 사람을 만나고, 그 나머지는 내가 만나고 싶은 사람을 만날 뿐이다. 짧은 인생, 좋은 사람만 만나도 부족한 시간에 뭐 하러 싫은 사람까지 만나고 다니랴? 다만 좋은 사람에게는 충심을 다해 원만하고 따뜻한 교류가 오가는 관계를 이어가려 애쓰고, 크고 작은 배려를 하려고 노력할 뿐이다.

정성백배, 마당발 윤영미의 인맥관리

물론 관리라면 관리일 수 있지만 나는 잠시라도 거의 쉬는 시간이 없이 움직인다. 할 일이 없다 싶으면 전화를 건다. 전화로 안부를 전하거나 미니홈피에 안부 인사의 글을 올리고, 아니면 다정한 문자를 보낸다. 요즘은 바쁜 사람들에게 불쑥 전화를 하는 게 예의가 아니다 싶어 컴퓨터로 채팅을 하거나 미니홈피를 주로 이용하는데, 그렇게 안부를 주고받다 보면 같이 밥을 먹자는 말이 나오게 되고, 점심을 간단하게 먹거나, 아님 좀 진하게 오랜 시간을 보내고 싶은 사람과는 저녁 약속을 하게 된다.

나는 "언제 시간 나면 한번 보자!"와 같은 상투적인 약속은 거의 하지 않는다. 언제 한번은 영원히 뒤로 밀릴 수 있는 거니까. 지금 이 순간 그 사람에게 집중하는 것, 언제 한번 보자는 게 아니라, 정확히 약속을 잡고 만나야 하는 것이다.

나는 어느 날 세계적인 수입 패션 브랜드의 여자 상무에게서 인간관계의 모범 답안을 본 적이 있었다. 패션쇼장에서 우연히 그녀와 자리를 함께했는데, 내 흰 블라우스에 나도 모르는 사이에 작은 얼룩이 묻어 있는 게 아닌가. 내가 당황하고 있자 그분께서 블라우스에 묻은 오물이라 드라이클리닝을 해도 웬만해서는 잘 안 빠질 거라며 자신이 아는 제품을 소개하는 것이었다. 나는 그런가 보다 하고 말았다. 그러고는 곧 잊어버렸는데 바로 다음날 깜짝 놀라고 말았다. 방송국 1층 로비에 내게 퀵서비스로 물건이 왔는데, 포장을 뜯자 박스 안에는 얼룩을 지우는 제품과 함께 출장 다녀오면서 사온 과자랑 예쁜 카드가 들어 있었다.

'영미 씨처럼 옷이 중요한 사람은 이게 꼭 필요할 것 같아 제가 사서 보내요.'

아, 정말 이런 게 바로 상대방의 마음을 한순간에 녹이는 감동 이벤트 아닐까? 만약 비즈니스 마인드라면 이렇게까지 할 필요는 없었을지도 모른다. 바로 정성과 애정이 없다면 가능하지 못한 일이었을 것이다.

대인관계의 핵심은 사실 별것이 아니다. 진심과 성의, 작은 디테일, 바로 그것이다.

마찬가지로 인간관계 넓기로 유명한 박경림 씨의 책을 읽어보면 공감되는 부분이 참 많은데, 특히 목적을 갖고 사람을 만났다면 지금 같은 대인관계를 가진 자신이 되지 않았을 거라는 말에 100퍼센트 수긍이 갔다. 그녀의 대인관계의 핵심 역시 바로 진심과 배려였다. 그 많은 사람들과 어찌 그리 잘 지낼 수 있을까 참으로 궁금했는데, 그건 바로 사람에 대한 무한한 애정이었다.

나 역시 사람이 마냥 좋다. 돈보다 사람이 좋다. 사람에게서 힘을 얻고, 사람에게서 모든 걸 배운다. 혼자서 동굴을 파고 들어앉아 에너지를 충전시키는 사람이 있고, 사람 간의 교류를 통해 힘을 얻는 사람이 있다면 나는 좋은 사람과 눈을 마주치고 대화하면서 살아가는 에너지의 원천을 얻는 타입. 물론 사람을 너무 좋아해서 간혹은 갈등이 빚어지기도 하고, 배신감에 몸을 떨 때도 있지만 그래도 사람과의 정에서 얻는 그 충만한 행복감은 내 인생에 있어 가장 큰 선물 아니겠는가.

누군가 다른 이를 행복하게 해주기 위해 고민하는 건 나의 행복이고 기쁨이다. 누군가와 만날 약속을 하면 나는 그 사람을 위한 계획을 짠다. 그가 무슨 음식을 좋아하는지 생각하고, 어디서 만날지, 작은 선물이라도 무엇을 하면 좋아할지 행복한 고민을 하곤 하는데, 그 순간 그를 좋아하는 마음이 식물처럼 자라나 나 자신도 행복하게 해준다.

나의 진심 어린 대접에 상대가 기뻐하면 나 역시 행복감이 몽글몽글 피어오른다는 사실. 누군가를 미워하면 내가 더 아프고 힘들어지고, 반대로 누군가를 좋아하고 사랑하면 내가 더 예뻐지고 행복해진다는 것. 평범하지만 아주 중요한 인생의 비밀이 아닐까?

빈 데를 보여줘야 벽을 허문다

우리나라 사람들은 흔히들 "친해지려면 밥을 같이 먹어라!"라고 이야기한다. 물론 거기다가 술 한잔 곁들이면 금상첨화일 것이다. 남자들은 목욕탕을 같이 가라고 하던가? 결국 이 이야기는 친해지려면 서로의 가장 원초적인 모습을 보여주라는 뜻이다. 즉 "나한테는 너를 해칠 의사가 없다."는 무장해제의 몸짓을 보여야 친해질 수가 있다.

그런데 주위를 둘러보면 사람을 만나는 데 있어 무장해제가 아니라, 오히려 완전무장을 한 상태로 사람을 만나는 이들이 꽤나 많다. '나만의 개성적인 이미지'를 확고히 하다못해 숨이

턱턱 막히는 갑갑한 갑옷을 입고 비장한 태도를 견지하는 이들을 많이 만날 수 있다.

'이게 나만의 스타일이야. 싫으면 말아!'

눈앞의 상대방을 위한 배려보다는 나의 가치관과 생각을 강조하고, 나의 가치관과 생각에 안 맞는 사람은 관심 없다는 태도. 결국 자기 입맛에 맞는 사람만 만나겠다는 것이다.

내가 여태껏 다양한 직종의 다양한 성격의 사람들을 큰 무리 없이 만날 수 있었던 가장 큰 이유는 빈 곳을 보여주기 때문이다. 사실 내 첫인상은 그렇게 좋지만은 않다. 대부분의 사람들이 나를 처음 봤을 때 말 붙이기 어려운, 차갑고 강한 인상이라는 느낌을 받는다고 이야기한다. 그러나 조금만 나를 사귀어본 사람들은 내가 의외로 허점도 많고, 사소한 정도 많아 한번 정을 주고나면 헤어나기 힘들 정도의 인간이란 걸 알게 된다. 아나운서라는 직업의 특성상 빈틈없고 정확한 이미지를 떠올리지만, 알고 보면 나도 부드러움이 철철 넘치는 여자랄까.

그러나 이런 내 본모습을 처음부터 상대방이 알아차릴 수는 없다. 그렇기에 나는 경험상 잘 보이려고 노력하기보다는 내 본모습을 조금이나마 더 보여주려고 노력한다. 원래도 나는 남의 시선을 의식하지 않는, 다른 말로 안면이 좀 두꺼운 편이고 부끄러움을 그리 타지 않는 성격이라 있는 그대로의 모습을 보여주는데, 그것이 상대방에게 편안함을 준다고 생각한다. 그

렇게 겉으로 보이는
이미지가 아니라, 좀
덜떨어진 모습을 보이
거나 아나운서의 말끔
한 이미지와는 상반된
털털하고 소탈한 인간
적인 모습을 보여주면

금세 거리감이 없어지고 가까워지는 느낌을 갖는다.

우리는 본능적으로 눈앞의 사람이 자신의 본모습을 드러내
보이고 있는지, 아니면 그럴듯한 가식과 허울로 꽁꽁 자신을
감싸고 있는지 느낄 수 있다. 만약 아무리 객관적인 외양과 조
건이 좋은 사람이라도 그가 만약 자신을 내보이지 않으면, 나
역시 그 앞에서 나를 보여주지 않게 된다. 그에 못지않은 가식
과 허울로 그를 상대할 뿐이다. 가슴 아픈 일지만, 오늘날 우리
가 만나고 있는 인간관계의 많은 양상이 이러하지 않을까.

"일 때문에 만난 사람일 뿐이야."

"저 사람이랑은 다시 만날 일이 없잖아."

업무 때문에 만난 사람이라 업무 얘기만 하면 그만이고, 우
연히 만나 잠깐 차를 같이 한 사람이라 다시 볼 일 없다는 생각
에 쉽게 넘겨버리고 마는 일들. 그러나 이런 가정을 생각해보
면 어떨까?

'저 사람을 놓치는 바람에 내 인생의 큰 기회를 놓치게 되는 것은 아닐까?'

그가 보잘것없는 직업을 가지고, 외모도 별 볼일 없고, 가진 것도 없다고 그를 무시해서는 안 된다. 세상에서 가장 소중한 사람이 누구냐는 왕의 질문에 어느 현자가 대답했다고 한다. 지금 바로 눈앞에서 당신이 만나고 있는 사람이라고.

문제는 내가 먼저 보여주느냐, 남이 먼저 보여주느냐가 아닐까. 이 양자택일의 문제 앞에서 많은 사람들은 남이 먼저 보여주기를 바란다. 어쩔 수 없는 일일지도 모른다. 그래야 밑지는 장사를 할 가능성이 줄어든다고 생각하니 말이다. 그러나 이게 착각이라면 어떨까?

재밌는 예를 들어보자. 영화 '타짜' 때문에 도박 고수들의 이야기가 세간의 관심을 끌기도 했는데, 진정한 도박 고수들은 큰 이득을 얻으려면 우선 먼저 상대방에게 돈을 잃어준다고 한다. 그래야 그가 의심이라는 무장을 해제하기 때문이다. 쉽게 말해 내가 먹으려면 우선 내 것을 내놔야 한다는 이치이다. 나는 이 말에 적극 공감한다. 지금까지 내가 경험한 인간관계를 보면, 내가 먼저 보여줄 때 정말 좋은 관계가 이루어졌다.

지금 우리 앞에, 내 앞에 있는 사람에게 주목하라. 나중은 없다. 그를 위해 집중하고, 그를 위해 웃음 짓고, 그를 위해 먼저 나를 드러내라.

작은 행복에 더 주목하라

WONDERFUL | PASSION

우리는 오늘 어떤 행복을 위해 열심히 뛰고 있는가?

학생들은 좋은 학교에 들어가 좋은 직장을 잡고 넉넉한 삶을 살기 위해 오늘 하루도 무거운 몸을 이끌고 학교와 학원을 오간다. 그렇지만 아이들에게 "너, 행복하니?" 하고 물어보면 어떨까? 하기야 이렇게 묻는 부모도 요즘에는 거의 없지 싶다.

"오늘 공부 열심히 했니?"

"힘들더라도 참아야 해. 그래야 좋은 학교에 갈 수 있지."

대부분의 말들이 이렇지 않을까? 어디 부모만 그럴까. 아이들에게 "너, 행복하니?" 하고 물으면 돌아오는 답들도 대개 비숫비슷하다.

"행복이요? 그런 거 몰라요."

"엄마가 그랬어요. 나중에 행복하려면 오늘 힘들더라도 참아야 한다고요."

다들 앞날의 행복을 위해 지금의 고통을 감수해야 한다고 어른스럽게 말한다.

어른들도 마찬가지. 직장 생활을 하다보면 직장에서의 생활을 즐거워하는 사람은 정말 찾아보기가 힘들지만 그래도 다들 아득바득 열심히 다닌다. 밥벌이로써의 하루하루를 감내해내는 것이다. 그래도 "행복하세요?" 하고 물으면 그들 역시 학생들 대답과 거의 다를 바가 없는 것 같다.

"노후에 편안하려면 힘들더라도 젊을 때 열심히 돈을 벌어야죠."

다 맞는 말이다. 그런데 한편으로 생각해보면 참 이상하다. 어릴 적에는 좋은 학교, 좋은 직장에 들어가려고 순간의 행복을 오랜 시간 동안 유예했는데, 정작 좋은 학교, 좋은 직장에 들어가도 행복해하지 않으니 말이다. 고통을 인내하고 원하는 바를 이뤘다는 성취욕에 들뜬 것도 잠시 잠깐일 뿐이다. 어느새 다시 그다음을 위해 또 어려움을 참아내기 시작한다. 물론 나 역시 이런 범주에서 크게 벗어나지 못한다. 이런저런 공부를 하는 것도 몇 년 후의 보장되지 않는 내 불확실한 미래에 대한 두려움 때문일 테니 말이다.

물론 미래를 위한 투자로 지금의 행복을 접어두는 게 나쁜 일은 결코 아니다. 우리가 이런저런 책에서, 텔레비전에서, 뉴스에서 보도하는 많은 성공한 사람들의 공통분모를 찾으면 대개 '인내는 쓰나 그 열매는 달다.'는 식의 교훈이니 말이다.

그러나 나는 여기에 약간의 함정이 있는 것은 아닐까 의심한다. 정말 제대로 성공한 사람들의 면면을 들여다보면 그 '인내 타령' 못지않게 '오늘을 행복하게'라는 구호도 반드시 포함되어 있다고 생각하기 때문이다.

| 세 상 과   연 애 하 라 |

나는 원래 통이 좁아서 그럴까? 나는 거창한 미래의 행복보다는 지금 이 순간의 행복이 더 좋다. 나아가 행복이란 지금 이 순간에서 온다고 믿는다. 내가 오늘 하루 어떤 즐거운 일을 하고, 어떤 유쾌하고 유익한 사람을 만나고, 그에게 어떤 도움을 받거나 반대로 어떤 도움을 줘 기뻤는지 느끼는 것에서 행복을 만끽한다. 이번 주말에 계획된 여행에 대한 설렘, 책 한 권을 손에 쥐었을 때, 꼭 보고 싶던 영화를 보았을 때 느끼는 자잘하고 사소한 기쁨들 말이다.

나는 없으면 일부러라도 작은 감동, 작은 설렘을 만들려고 노력한다. 하다못해 밥집에 가서도 우연히 맛보게 된 맛있는 음식에 놀라 사진을 찍고, 그 맛을 기억하기 위해 내 홈피에 올려놓곤 한다. 그리고 내 홈피의 맛집을 보고 그 식당을 찾아가 만족했다는 메시지를 받았을 때 좋은 정보를 나눴다는 기쁨에 나도 즐거워진다.

나는 오늘의 사소한 기쁨을 누리지 못하는 이들은 거창한 기쁨이 왔을 때 제대로 누릴 수가 없다고 믿는다. 왜냐고? 방법을 모르기 때문이다. 그렇기에 오늘 내가 보고 느낀 세상의 모든 것과 연애하라고 말하고 싶다. 연애라고 꼭 남자와 여자만 하란 법이 있나? 어떤 이들은 연애 못지않게 아름다운 자연을 보며 최고의 충만감을 느낄 수도 있다. 붉게 물든 석양을 보면 우리는 누구나 자연과 하나가 되는 행복한 교감을 느끼지 않던가?

시험에서 1등을 하고, 원하던 직장에 가고, 돈을 많이 벌고, 집을 장만하고, 평수를 늘리는 것만 행복이라는 이름을 달고 있는 것은 결코 아니다. 사실 이러한 커다란 행복은 우리들 일생에 있어 몇 번 되지 않는다. 그 몇 번 안 되는 행복을 위해 평생을 노새처럼 묵묵히 일만 한다면 너무 억울하지 않을까?

오늘 하루 우리가 느끼는 작고 사소한 행복감에 주목하자. 재밌는 영화를 보고, 음악을 듣고, 책을 읽는 것도 내 삶과의 행복한 연애다. 나 역시 미친 듯이 춤을 출 때면 언제나 행복감에 몸을 떨기도 하고 단풍과 낙엽, 노을과 빗소리, 계절의 꽃들을 보며 감동의 신음소리를 내고 더할 나위 없는 행복감에 소리친다.

진정으로 내가 원하는 것들, 나의 가슴을 요동치게 하는 것들을 찾아 눈앞의 하루하루를 행복하게 살아라. 그게 바로 인생을 행복하게 사는 비결 아닐까?

주위를 둘러보면 훌륭한 사람을 만나도 그의 단점을 찾으려고 눈에 불을 켜는 사람들이 많다. 마치 내가 남들이 미처 찾지 못한 보물을 발견이라도 한 듯 호들갑을 떨며 그의 단점을 널리 알리는 짓. 정말 어리석기 짝이 없는 짓일 뿐이다. 흉을 볼 그 시간에 그 사람에게서 내가 무엇을 배울 수 있는가를 고민해야 하지 않을까?

미국 뉴스를 보면서 가끔 이해가 되지 않을 때가 있다고 말하는 이들이 있다. 그중에 하나가 바로 한 끼 점심 식사 값으로 상상을 초월한 액수를 지불하는 뉴스다. 그렇다고 점심 식사 메뉴가 엄청난 것도 아니다. 그냥 좋은 레스토랑에서 칼질 한 번 하는 것뿐이다. 그런데 왜 그런 돈을 내냐고?

바로 함께 점심을 먹는 사람이 누군가에 있다.

'오마하의 현인'이라는 별명으로 잘 알려진 미국 경제의 대부 워렌 버핏은 매해 한 번씩 자신과의 점심 식사를 경매에 내건다. 작년 워렌 버핏과의 점심 식사 경매 낙찰가가 얼마였는지 아는가?

211만 100달러였다. 1달러를 1,000원으로만 환산해도 무려 21억 원이 넘는 돈이다. 말 그대로 한 끼 점심 식사를 하며 이런저런 이야기를 하는 것에 불과한데, 물론 그 와중에 앞으로의 투자 상담을 받는 기회도 있겠지만, 그러나 아무리 그래도 점심 식사 한 끼 값으로는 너무나 엄청난 액수 아니겠는가!

이런 액수의 뉴스를 보면 당연히 이해 불가를 외치며 고개를 젓는 이들이 대다수이지만, 나는 그렇게 생각하지 않는다. 합리적이라고 정평이 난 미국인들이 그런 엄청난 액수를 기꺼이 점심 식사 값으로 지불하는 데에는 다 그만한 이유가 있지 않을까?

정성백배, 마당발 윤영미의 인맥관리

앞서 말한 대로 나는 보통 사람들보다 성공한 사람들을 만날 수 있는 기회가 많은데, 성공한 사람들을 만날 때마다 깜짝 놀라는 사실이 있다. 그들은 큰 것만이 아니라, 정말 사소한 것 하나하나에도 신경을 쓴다는 것이다.

내가 아는 어떤 분은 매해 연말이 되면, 자신이 1년 동안 찍은 사진 중에서 가장 맘에 드는 사진들을 골라 직접 엽서를 제작하고, 엽서에 일일이 자필로 글을 써 친한 이들에게 건네기도 하고, 자신이 선정한 음악을 CD에 담아 친한 지인들에게 선사하기도 한다. 또 어떤 분은 신문에 기사가 나오면 일일이 스크랩을 해서 보내주기도 하고, 생일이면 직접 쓴 카드와 정성스럽게 선물을 포장해 선물하기도 하며, 내가 아침방송을 마친 시간에 가끔씩 문자를 보내 "오늘 입은 옷이 어땠다, 목소리가 피곤한 것 같은데, 몸은 괜찮냐?" 하며 관심 있는 문자를 보내 감동을 주기도 한다. 사업 스케줄만으로도 1분 1초가 아쉬운 그런 분들이 말이다.

주위에는 사람을 몰고 다니는 소위 인기 짱인 사람이 있는가 하면, 반면에 모두가 기피하는 그런 사람도 있는데, 그들의 속내를 들여다보면 한결같다.

"언젠가는 저들이 내 진면목을 알아볼 날이 있겠지."

그들은 어리석게도 거만하게 팔짱을 끼고 앉아 사람이 몰려오는 그날을 학수고대한다. 글쎄, 혹시 내가 그렇지 않은지 고민해볼 일이다.

나는 좋은 사람, 인품이 좋아서 성공한 사람을 찾아 여행을 떠나라고 말하고 싶다. 나는 많은, 아니, 좋은 인간관계를 만들기 위해 매일같이 뛰어다닌다. 소위 성공한 사람들을 만나는 것을 즐기는데, 그렇다고 성공의 잣대가 반드시 돈과 명예 같은 외적 가치를 나타내지는 않는다. 자기 일을 즐기고 작은 것에도 행복할 줄 아는 사람을 만나면 그날 하루는 그들의 행복과 자신감에 나 역시 감염된 것 같아 마냥 즐겁다.

정말 놀라운 것은 성공한 사람들치고 부정적인 마인드를 가진 이들이 없다는 것이다. 자세히 관찰해보면 태어날 때부터 좋은 환경과 조건을 가지고 시작한 이들도 더러 있지만, 그야말로 자수성가를 한 이들도 상당히 많다. 그런데 그들 또한 역시 나름의 열등감을 가지고 있다는 것이다. 하버드 대학에서 공부한 이도, 서울대를 나오고 이름만 들어도 알 만한 기업의 최고경영자도 모두 열등감을 가지고 있다. 그러나 그들은 열등감에 사로잡히지 않고, 그 열등감을 극복하고 있었다. 부정적인 시선으로 세상을 바라봤자 자신만 손해라는 것을 그들은 일찌감치 깨달았던 것이다. 과거는 과거로 넘기고 앞날은 자신이 스스로 만들어가는 것이란 확신을 갖고 그들은 부단한 노력을 한다. 자, 부는 대를 이어간다는 한탄만 하지 말고 성공을 스스로 일군 사람들, 그들의 노력을 벤치마킹하라.

　그들의 자기관리는 정말이지 눈물겨울 정도인데, 남들보다 일찍 출근해 문을 걸어 잠그고 치열하게 외국어 공부를 하거나 전날 밤늦게까지 모임을 갖고도 새벽부터 일어나 하루도 빠짐없이 운동을 하고, 아무리 바빠도 한 통의 전화를 반갑게 받아주며, 주위 사람들의 고충을 따뜻하게 들어주고 도움을 주려 애쓰는 일, 놀라울 정도의 독서량, 다양한 분야에 대한 끊임없는 관심과 탐구, 여럿이 모임을 가질 때도 자리 배치를 어떻게 해야 서로가 치우치지 않게 대화를 나눌 수 있을까 하는 세심한 마음, 혹은 모임이 끝나고 누구는 왜 오늘따라 말이 없었을까? 차분히 관심을 가져주는 배려, 배울 점은 너무나 많다.

　성공한 사람을 만나기 위해 노력하라. 그들에게는 반드시 성공할 수밖에 없었던 장점이 하나씩은 꼭 있게 마련이다. 그 바이러스에 중독이 되려고 노력해보자. 그들을 만나 나누는 한마디 대화에 우리의 인생이 달라질 수 있다.

눈앞에 있는 사람에게 투자하라

WONDERFUL PASSION

'가장 중요한 것은 '현재'이다. 왜냐하면 사람이 자기 자신을 통제할 수 있는 것이 현재이기 때문이다. 과거와 미래는 지금 어찌할 수 없는 존재이고, 가장 중요한 것은 현재 무슨 이유에서든지 관계하고 있는 바로 그 사람이다. 누구나 자기가 이후에도 그 사람과 관계를 유지하게 될 것인지 아닌지는 모르기 때문이다. 가장 중요한 일은 현재 무슨 이유로든지 관계하고 있는 바로 그 사람들을 사랑하는 일이다. 사람은 오직 사랑하기 위해서만 태어났기 때문이다.'

—톨스토이

뉴스를 보면 하루가 멀다 하고 나오는 소식이 꼭 하나 있다.

'누가 얼마를 투자해 얼마를 벌었다.'

'어느 종목에 투자해 수익률 1,000%를 넘었다.'

'최고의 가치 투자 종목……'

세상이 온통 재테크 천지인 것 같은 기분이 든다. 직장에서 동료들과 밥을 먹어도 누구는 어디에 투자해 얼마를 벌었고, 누구는 요번에 주식에 잘못 투자해 패가망신했다는 이야기가 대세이다.

나는 은행에 저축하고, 펀드에 투자하는 것만큼 사람에 저축하고 투자하는 것도 중요하다고 믿는다. 누군가에게 호의를 베푸는 게 아니라, 누군가에게 호의를 저축한다고 긍정적으로 생각하는 게 어떨까? 그것이 내 통장이든 타인의 통장이든 간에…….

예를 들어, 지하철역 같은 곳에서 만나게 되는 걸인이 구걸을 하는 것을 보면 우리는 흔히들 이렇게 말하며 외면한다.

"일할 만한데 구걸하는 사람들은 도와주면 안 돼."

맞는 말이다. 모르긴 몰라도 구걸하는 사람들의 90%는 자립 의지만 있다면 자립할 수 있는 사람일 것이다. 그렇기에 내 도움이 그의 자립을 막는다는 데까지 생각이 미치면 도와주고 싶어도 애써 외면하게 되고 만다. 그러나 그냥 애처로운 마음으로 별생각 없이 도움을 주는 이들도 많다. 그들에게 물어보면 답은 하나다.

“이것저것 따질 거 없이, 어쨌든 내가 좋은 일을 한 것 아니
겠습니까?”

내가 주목하는 것은 그들의 긍정적인 마인드이다.

누군가에게 호의를 베풀었다가 배신을 당한, 소위 말하는
‘믿는 도끼에 발등 찍힌’ 사람들은 마치 세상의 숨겨진 진실을
말하듯이 거드름을 피우며 말한다.

“머리 검은 짐승은 믿지 마라.”

얼마나 큰 상처를 받았으면 그럴까 싶기도 하지만 나는 그
런 말을 들을 때마다 안쓰러운 마음이 더 크다. 물론 그의 잘못
은 아니지만, 사람을 믿지 못하게 된 인생이 뭐 그렇게 행복하
겠는가 말이다.

성공한 사람들은 하나같이 인맥이 화려하다. 물론 그 인맥
에는 직업적이고 공적인 인맥이 많은 부분을 차지하겠지만,
그에 못지않게 인간적인 인맥도 많다는 것을 느낀다. 그들은
어느 종목에 몇백 억 원을 투자하는 것도 중요하지만, 사람에
게 투자하는 것도 엄청난 투자라는 것을 잘 알고 있는 것이다.
아니, 그들은 사람에게 투자하고 진심으로 맺어진 인맥을 넓
혀야 최고의 가치가 있는 정보도 함께 얻을 수 있다는 것을 잘
알고 있다.

내가 이에는 이, 눈에는 눈이라고 생각하면 결국에는 나도
똑같은 사람이 될 수밖에 없다. 지금 눈앞의 사람에게 주목하
고 최선을 다해야 한다. 어떤 잘못을 한 적이 있는 사람이라도

선입견을 가지고 봐서는 안 된다. 그 당시 어떠한 상황에서 안 좋은 인물로 부각되었을 뿐이지 그렇다고 해서 다양하고 복잡한 프리즘 같은 인간의 면면을 한 가지로 단정 지어서는 결코 안 된다는 이야기, 나 자신도 언제 어느 때나 늘 친절하고 다정하고 최선을 다하진 못하지 않는가? 그 사건을 봐야지, 그 사람을 봐서는 안 된다. 아이를 야단칠 때도 잘못을 지적하고 벌을 주어야지 아이 자체를 혼내선 안 되는 것처럼…….

지금, 내 주위의 사람들에게 호의를 베풀자. 가식이라고 생각해도 호의를 베풀어라. 그 호의는 베푸는 데서 끝나는 것이 아니라 이 우주를 돌고 돌아 나일 수도 있고 혹은, 나 아닌 그 어느 누군가에게 더 큰 호의로 돌아가서 또 다른 싹을 틔울 것이 분명하기에…….

SBS 아나운서 윤영미의 열정

어제보다 성숙한 오늘을 위해 노력하라

세상 그리 오래 살았다고 할 순 없지만 그래도 인생의 전환점을 돌고 이제 후반전 출발선을 눈앞에 둔 이 시점에서 나의 삶을 가만히 돌아보면 누구나 그렇겠지만 사람으로 인해 행복했고, 사람으로 인해 슬피 울었고, 사람으로 인해 인생길이 굽이굽이 이어져 온 것 같다.

뼛속 깊이 사랑했지만 이제는 잊어버린 사람, 애끓는 연민으로 바라만 본 사람, 나에게 선의건 타의건 상처를 주었던 사람, 나를 연정으로 바라봐준 사람, 어찌할 수 없는 상황 속에서 안타까운 마음만 있던 사람, 무슨 이유에선지 눈엣가시처럼 구는 사람, 그저 넉넉함으로 내 모든 것을 품어주는 사람, 겉으로 보이는 화려함과 격정적인 면만을 부러워하는 사람, 내 안의 여린 감성과 순수함을 알아주고 마냥 좋아해주는 사람. 그러한, 나를 에워싸고 있는 수많은 사람들로 인해 나는 행복했고 또 불행했다.

하지만 결국은 내가 사랑했던 사람, 내가 미워했던 사람, 그 모든 사람들이 나를 키워내 주었다는 것. 사랑했던 사람들은 내 삶의 자양분이 되어주었고, 미워했던 사람들은 핏빛 장미를 피워낸 가시 같이 성장 촉진제가 되어 나를 성숙케 해주었다. 옛날엔 미운 사람이 그냥 밉기만 했는데, 이제는 미운 사람의 아픔과 상처가 조금씩 보이기 시작한다. 또한 사랑하는 사람의 겉모습만이 아닌, 그의 속됨과 모자람마저도 감싸 안을 수 있는 어떤 여유와 품이 작게나마 생겼다고나 할까.

내가 20대 때는 여자 나이 마흔이면 여자가 아닌, 그냥 '아줌마'라는 제3의 성으로만 인식했었는데, 마흔을 훨씬 넘어 이제 쉰 줄로 향하고 있는 지금의 나. 허나, 나는 아직도 여자다. 그것도 소녀적 감성을 그대로 안고 있는……

그리하여 지나간 세대의 존재론적 강박감에 시달리며 나이를 중시하는 이 사회에서 적지 않게 나이 든 여자로서 나머지 생을 어찌 잘 살아낼 수 있을까를 고민하기 시작했고, 나의 윗세대를 보며 나이라는 게 성숙과 품격을 저절로 가져다주는 게 아님을 알게 되면서 아름답게 나이 들기에 대해 고민하고 있다.

뭐든 얻는 것에는 거저가 없다고 하던가. 어느 분야든 득도의 경지에 오른 대가들에게서 풍기는 성숙과 성찰의 아우라는 상처와 고통이란 것이 분명히 따르게 되어 있고, 거기에 따른 대가를 반드시 치른 결과임을 우린 늘 보아오지 않았는가?

외적인 아름다움은 더 이상 기대하기 어려운 나이에 어떡하면 매력적인 인간으로서 삶의 후반을 살아갈 수 있을까. 글쎄,

내가 내린 결론은 뼈를 깎는 자기성찰뿐이란 것, 그 성찰이란 것은 결국 마음을 지키고 다스리는 것이라 확신한다.

나이 들수록 거세지는 아집, 소외감으로 인한 분노와 열등 감에서 오는 자기중심적 사고에서 벗어나 나를 추하게 만드는 그 세욕을 버리는 것, 좀 뒤처져도 앞선 이들을 선의로 바라봐 주는 아량, 타인의 아픔에 무신경하지 않고 같이 아파해주는 마음, 주변 사람들의 성공과 행운을 진심으로 함께 기뻐해주 는 여유, 서운한 일, 억울한 일, 손해 보는 일, 무시당하는 일, 오해받는 일, 뒤처지는 일에서 솟구치는 분노와 원망을 곧장 내뿜지 않고 한 템포 늦춰 반응하되 어루만져 다스리는 것. 이 모든 것은 너무나 어렵고 또 어려운 일이다.

마치, 폭포수를 거꾸로 치고 올라가는 듯한 뼈를 깎는 고통 과 본성을 역류하는 애씀이 수반된다는 것을 나는 안다.

그러나 고통이 큰 만큼 그로 인해 얻는 성숙의 빛이 나에게 생겨날 것이란 기대감으로 난 오늘도 어제보다 조금 더 애쓰고 애쓴 만큼 아주 조금씩 더 빛난다고 믿는다. 그리고 그로 인한 평안이 소리 없이 자라남을 아주 작게나마 경험하고 있다.

내 사람들이 행복해야 나도 행복해질 수 있다는 사실, 내 사 람들이 불행하면 나도 불행해질 가능성이 있다는 사실, 내가 누군가를 사랑하면 그 사랑으로 인해 내 몸속의 세포들이 선하 고 예쁘게 변해 나를 건강하고 행복하게 만든다는 사실, 그 평 범한 인생의 비밀을 나는 너무 늦게 깨달았다.

좀 더 일찍 알았더라면 내 삶이 지금보다 좀 더 풍요로웠을 텐데, 싶지만 뭐든 쌓여서 바탕이 다져져야 받아들일 수 있는 눈도 트이고 비로소 내 것이 되는 것이라 생각한다.

나는 오늘도 어제보다 조금이라도 더 성숙해지기 위해 노력한다. 때로 눈물까지 쏟아내며 내가 나를 아프도록 정면으로 응시한다.

너, 지금 잘 하고 있니? 혹시 너무 앞서 가는 거 아니니? 좀 더 기다리면 안 되겠니? 아깝지만 조금만 나눠 주렴! 너무 넘치니까 좀 지그시 참고 눌러라, 다 그럴 수도 있는 거야…….

거친 야성을 다듬어내고 깎으며, 잘못을 금세 인식하고 용서 구하기. 이제, 탐심과 격정 대신 그 자리에 안온한 행복감이 자리하도록 해, 내 안의 그 행복과 사랑이 세포분열을 일으켜 몇 수십 배 확장될 수 있도록 애쓰자.

자, 겉과 속이 아름답게 나이 드는 여인. 성숙한 향기를 내뿜는 여인. '지금'을 누리는 행복한 여인. 사랑을 아는 여인. 주변을 따뜻하게 안을 수 있는 여인.

그 길을 향하여 나는 지금 제대로 된 길을 걷고 있는가. 글쎄, 그건 알 수 없지. 누구도 모르는 게 인생이라지만 이 모르는 인생길에서 나는 나에게 묻고 또 물으며 오늘을 걷고 있다.